隨身佛典

中阿含經

東晉罽賓三藏瞿曇僧伽提婆 譯

隨身佛典

中阿含經

東晉罽賓三藏瞿曇僧伽提婆 譯

隨身佛典

中阿含經

東晉罽賓三藏瞿曇僧伽提婆 譯

隨身佛典

中阿含經

東晉罽賓三藏瞿曇僧伽提婆　譯

隨身佛典

中阿含經

第七冊

卷四十五～卷五十二

東晉罽賓三藏瞿曇僧伽提婆 譯

◉目錄〔第七冊〕

中阿含經卷第四十五

東晉罽賓三藏瞿曇僧伽提婆譯

心品第三有十經 第四分別誦

心、浮、受法二，行禪、說、獵師，五*支財物主，瞿曇、彌多界。

（一七二）中阿含心品心經第一

我聞如是：一時，佛遊舍衛國，在勝林給孤獨園。

爾時有一比丘獨安靖處宴坐思惟，心作是念：「誰將世間去？誰為染著？誰起自在？」

彼時比丘則於晡時，從宴坐起，往詣佛所，稽首禮足，却坐一面，白曰：「世尊！我今獨安靖處宴坐思惟，心作是念：『誰將世間去？誰為染著？誰起自在？』」

世尊聞已，歎曰：「善哉！善哉！比丘！謂有賢道而有賢觀，極妙辯才，有善思惟：『誰將世間去？誰為染著？誰起自在？』比丘！所問為如是耶？」

比丘答曰：「如是，世尊！」

世尊告曰：「比丘！心將世間去，心為染著，心起自在。比丘！彼將世間去，彼為染著，彼起自在。比丘！多聞聖弟子非心將去，非心染著，非心自在。比丘！多聞聖弟子不隨心自在，而心隨多聞聖弟子。」

比丘白曰：「善哉！善哉！唯然，世尊！」

彼時比丘聞佛所說，歡喜奉行。

問曰：「世尊！多聞比丘，說多聞比丘。世尊！云何多聞比丘？云何施設多聞比丘？」

世尊聞已，歎曰：「善哉！善哉！比丘！謂有賢道而有賢觀，極妙辯才，有善思惟：『世尊！多聞比丘，說多聞比丘。世尊！云何多聞比丘？云何施設多聞比丘？』比丘！所問為如是耶？」

比丘答曰：「如是，世尊！」

世尊告曰：「比丘！我所說甚多，謂正經、歌詠、記說、偈他、因緣、撰錄、本起、此說、生處、廣解、未曾有法及說義。比丘！若有族姓子，我所說四句偈，知義知法，趣法向法，趣順梵行。比丘！說多聞比丘無復過是。比丘！如是多聞比丘，如來如是施設多聞比丘。」

比丘白曰：「善哉！善哉！唯然，世尊！」

彼時比丘聞佛所說，歡喜奉行。

問曰：「世尊！多聞比丘明達智慧，說多聞比丘明達智慧。世尊！云何多聞比丘明達智慧？云何施設多聞比丘明達智慧？」

世尊聞已，歎曰：「善哉！善哉！比丘！謂有賢道而有賢觀，極妙辯才，有善思惟：『世尊！多聞比丘明達智慧，說多聞比丘明達智慧。世尊！云何多聞比丘明達智慧？云何施設多聞比丘明達智慧？』比丘！所問為如是耶？」

比丘答曰：「如是，世尊！」

世尊告曰：「比丘！若比丘聞此苦，復以慧正見苦如真者；聞苦習、苦滅、苦滅道，復以慧正見苦滅道如真者，比丘！如是多聞比丘明達智慧，如來如是施設多聞比丘明達智慧。」

比丘白曰：「善哉！善哉！唯然，世尊！」

彼時比丘聞佛所說，歡喜奉行。

問曰：「世尊！聰明比丘黠慧廣慧，說聰明比丘黠慧廣慧。世尊！云何聰明比丘黠慧廣慧？云何施設聰明比丘黠慧廣慧？」

世尊聞已，歎曰：「善哉！善哉！比丘！謂有賢道而有賢觀，極妙辯才，有善思惟：『世尊！云何聰明比丘黠慧廣慧？云何施設聰明比丘黠慧廣慧？』比丘！所問為如是耶？」

比丘答曰：「如是，世尊！」

世尊告曰：「若比丘不念自害，不念害他，亦不念俱害；比丘但念自饒益及饒益他，饒益多人，愍傷世間，為天為人，求義及饒益，求安隱快樂。比丘！如是聰明比丘黠慧廣慧，如是如來施設聰明比丘黠慧廣慧。」

比丘白曰：「善哉！善哉！唯然，世尊！」

彼時比丘聞佛所說，善受善持，善誦習已，即從坐起，稽首佛足，繞三匝而還。彼時比丘聞世尊教，在遠離獨住，心無放逸，修行精勤。彼在遠離獨住，心無放逸，修行精勤已；族姓子所為，剃除鬚髮，著袈裟衣，至信捨家無家學道者，唯無上梵行訖，於現法中自知自覺自作證成就遊：生已盡，梵行已立，所作已*辦，不更受有，知如真。彼尊者知法已，乃至得阿羅訶。

佛說如是，彼諸比丘聞佛所說，歡喜奉行。

心經第一竟（千五十四字）

（一七三）中阿含心品浮彌經第二 第四分別誦

我聞如是：「一時，佛遊王舍城，在竹林迦蘭哆園。

爾時尊者浮彌亦在王舍城無事禪室中。於是尊者浮彌過夜平旦，著衣持鉢，欲入王舍城而行乞食。尊者浮彌復作是念：「且置入王舍城乞食，我寧可往至王子耆婆先那童子家。」

於是尊者浮彌便往至王子耆婆先那童子家。

王子耆婆先那童子遙見尊者浮彌來，即從座起，偏袒著衣，叉手向尊者浮彌，作如是說：「善來！尊者浮彌！尊者浮彌久不來此，可坐此床。」

尊者浮彌即便就坐。王子耆婆先那童子稽首尊者浮彌足，却坐一面，白曰：「尊者浮彌！我欲有所問，聽我問耶？」

尊者浮彌答曰：「王童子！欲問便問，我聞已當思。」

王童子便問尊者浮彌：「或有沙門、梵志，來詣我所，而語我曰：『王童子！有人作願，行正梵行，彼必得果；或無願、或願無願、或非有願非無願，行正梵行，彼必得果。』尊者浮彌！尊師何意？云何說？」

尊者浮彌告曰：「王童子！我不面從世尊聞，亦不從諸梵行聞。王童子！世尊或如是說：『或有人作願，行正梵行，彼必得果；或無願、或願無願、或非有願非無願，行正梵行，彼必得果。』」

王童子白曰：「若尊者浮彌尊師如是意、如是說者，此於世間天及魔、梵、沙門、梵志，從人至天，最在其上。尊者浮彌！可在此食。」

尊者浮彌默然而受。王童子知尊者浮彌默然受已，即從坐起，自行澡水，以極美淨妙種種豐饒食噉含消，自手斟酌，令得飽滿。食訖收器，行澡水已，取一小床別坐聽法。尊者浮彌為彼說法，勸發渴仰，成就歡喜。無量方便為彼說法，勸發渴仰，成就歡喜已，從坐起去，往詣佛所，稽首佛足，却坐一面，與王童子所共論者，盡向佛說。

世尊聞已，告曰：「浮彌！何意不為王童子說四喻耶？」

尊者浮彌問曰：「世尊！何謂四喻？」

世尊答曰：「浮彌！若有沙門、梵志，邪見、邪見定，彼作願行，行邪梵行，必不得果；無願、願無願、非有願非無願，行邪梵行，必不得果。所以者何？以邪求果，謂無道也。浮彌！猶如有人，欲得乳者，而搆牛角，必不得乳；無願、願無願、非有願非無願人，欲得乳，而搆牛角，必不得乳。所以者何？以邪求乳，謂搆牛角也。如是，浮彌！若有沙門、梵志，邪見、邪見定，彼作願行，行邪梵行，必不得果；無願、願無願、非有願非無願，行邪梵行，必不得果。所以者何？以邪求果，謂無道也。

「浮彌！若有沙門、梵志，正見、正見定，彼作願行，行正梵行，彼必得果；無願、願無願、非有願非無願，行正梵行，彼必得果。所以者何？以正求果，謂有道也。浮彌！猶如有人，欲得乳者，飽飲飼牛而犂牛乳，彼必得乳；無願、願無願、非有願非無願人，欲得乳，飽飲飼牛而犂牛乳，彼必得乳。所以者何？以正求乳，謂犂牛乳也。如是，浮彌！若有沙門、梵志，正見，正見定，彼作願行，行正梵行，彼必得果；無願、願無願、非有願非無願，行正梵行，彼必得果。所以者何？以正求果，謂有道也。

「浮彌！若有沙門、梵志，邪見、邪見定，彼作願行，行邪梵行，必不得果；無願、願無願、非有願非無願，行邪梵行，必不得果。所以者何？以邪求果，謂無道也。浮彌！猶如有人欲得酥者，以器盛水，以抨抨之，必不得酥；無願、願無願、非有願非無願人，欲得酥，以器盛水，以抨抨之，必不得酥。所以者何？以邪求酥，謂抨水也。如是，浮彌！若有沙門、梵志，邪見、邪見定，彼作願行，行邪梵行，必不得果；無願、願無願、非有願非無願，行邪梵行，必不得果。所以者何？以邪求果，謂無道也。

「浮彌！若有沙門、梵志，正見，正見定，彼作願行，行正梵行，彼必得果；無願、願無願、非有願非無願，行正梵行，彼必得果。所以者何？以正求果，謂有道也。浮彌！猶如有人欲得酥者，以器盛酪，以抨抨之，彼必得酥；無願、願無願、非有願非無願人，欲得酥，以器盛酪，以抨抨之，彼必得酥。所以者何？以正求酥，謂抨酥也。如是，浮彌！若有沙門、梵志，正見，正見定，彼作願行，行正梵行，彼必得果；無願、願無願、非有願非無願，行正梵行，彼必得果。所以者何？以正求果，謂有道也。

「浮彌！若有沙門、梵志，邪見、邪見定，彼作願行，行邪梵行，必不得果；無願、願無願、非有願非無願，行邪梵行，必不得果。所以者何？以邪求果，謂無道也。浮彌！猶如有人欲得油者，以笮具盛沙，以冷水漬而取壓之，必不得油；無願、願無願、非有願非無願人，欲得油，以笮具盛沙，以冷水漬而取壓之，必不得油。所以者何？以邪求油，謂壓沙也。如是，浮彌！若有沙門、梵志，邪見、邪見定，彼作願行，行邪梵行，必不得果；無願、願無願、非有願非無願，行邪梵行，必不得果。所以者何？以邪求果，謂無道也。

「浮彌！若有沙門、梵志，正見、正見定，彼作願行，行正梵行，彼必得果；無願、願無願、非有願非無願，行正梵行，彼必得果。所以者何？以正求果，謂有道也。猶如有人欲得油者，以笮具盛麻子，以煖湯漬而取壓之，彼必得油；無願、願無願、非有願非無願人，欲得油，以笮具盛麻子，以煖湯漬而取壓之，彼必得油。所以者何？以正求油，謂壓麻子也。如是，浮彌！若有沙門、梵志，正見、正見定，彼作願行，行正梵行，彼必得果；無願、願無願、非有願非無願，行正梵行，彼必得果。所以者何？以正求果，謂有道也。

「浮彌！若有沙門、梵志，邪見、邪見定，彼作願行，行邪梵行，必不得果；無願、願無願、非有願非無願，行邪梵行，必不得果。所以者何？以邪求果，謂無道也。浮彌！猶如有人欲得火者，以濕木作火母，以濕鑽鑽，必不得火；無願、願無願、非有願非無願人，欲得火，以濕木作火母，以濕鑽鑽，必不得火。所以者何？以邪求火，謂鑽濕木也。如是，浮彌！若有沙門、梵志，邪見、邪見定，彼作願行，行邪梵行，必不得果；無願、願無願、非有願非無願，行邪梵行，必不得果。所以者何？以邪求果，謂無道也。

「浮彌！若有沙門、梵志，正見、正見定，彼作願行，行正梵行，彼必得果；無願、願無願、非有願非無願，行正梵行，彼必得果。所以者何？以正求果，謂有道也。浮彌！猶如有人欲得火者，以燥木作火母，以燥鑽鑽，彼必得火；無願、願無願、非有願非無願人，欲得火，以燥木作火母，以燥鑽鑽，彼必得火。所以者何？以正求火，調鑽燥木也。如是，浮彌！若有沙門、梵志，正見、正見定，彼作願行，行正梵行，彼必得果；無願、願無願、非有願非無願，行正梵行，彼必得果。所以者何？以正求果，謂有道也。

「浮彌！若汝為王童子說此四喻者，王童子聞已，必大歡喜，供養於汝，盡其形壽，謂衣被、飲食、臥具、湯藥及餘種種諸生活具。」

尊者浮彌白曰：「世尊！我本未曾聞此四喻，何由得說？唯今始從世尊聞之。」

佛說如是，尊者浮彌及諸比丘聞佛所說，歡喜奉行。

浮彌經第二竟二千八十三字

（一七四）中阿含心品受法經第三第四分別誦

我聞如是：一時，佛遊舍衞國，在勝林給孤獨園。

爾時世尊告諸比丘：「世間真實有四種受法。云何為四？或有受法現樂當來受苦報，或有受法現苦當來受樂報，或有受法現苦當來亦受苦報，或有受法現樂當來亦受樂報。

「云何受法現樂當來受苦報？或有沙門、梵志，快莊嚴女共相娛樂，作如是說：『此沙門、梵志，於欲見當來有何恐怖、有何災患而斷於欲，施設斷欲？此快莊嚴於女身體，樂更樂觸。』彼與此女共相娛樂，於中遊戲。彼受此法，成具足已，身壞命終趣至惡處，生地獄中，方作是念：『彼沙門、梵志，於欲見此當來恐怖、見此災患故，斷於欲，施設斷欲。我等因欲、諍欲、緣欲故，受如是極苦、甚重苦也。』

「猶春後月，日中極熱，有葛藤子，*日炙*坼迸，墮一娑羅樹下。彼時娑羅樹神因此故而生恐怖。於是彼樹神，若邊傍種子村神，村百穀藥木、有親親朋友樹神，於種子見當來有恐怖、有災患故，便往至彼樹神所，而慰勞曰：『樹神勿怖！樹神勿怖！今此種子，或為鹿食，或孔雀食，或風吹去，或村火燒，或野火燒，或敗壞不成種子。如是，樹神！汝得安隱。』若此種子非為鹿食，非孔雀食，非風吹去，非村火燒，非野火燒，亦非敗壞不成種子；此種子不缺不穿，亦不剖坼，不為風、雨、日所中傷，得大雨漬，便速生也。

「彼樹神而作是念：『以何等故？彼邊傍種子村神，村百穀藥木、親親朋友樹神，於種子見當來有何恐怖？有何災患？而來慰勞我言：「樹神勿怖！樹神勿怖！樹神！此子或為鹿食，或孔雀食，或風吹去，或村火燒，或野火燒，或敗壞不成種子。如是，樹神！汝得安隱。」』若此種子非為鹿食，非孔雀食，非風吹去，非村火燒，非野火燒，亦非敗壞不成種子；此種子不缺不穿，亦不剖坼，不為風、雨、日所中傷，得大雨漬，便速生也。成莖枝葉柔軟成節，觸體喜悅；此莖枝葉柔軟成節，觸體喜悅，樂更樂觸。

「此緣樹成大枝節葉，纏裹彼樹，覆蓋在上。覆蓋在上已，彼樹神方作是念：『彼邊傍種子村神，村百穀藥木、親親朋友樹神，於種子見此當來恐怖、見此災患故，而來慰勞我言：「樹神勿怖！樹神勿怖！此種子或為鹿食，或孔雀食，或風吹去，或村火燒，或野火燒，或敗壞不成種子。如是，樹神！汝得安隱。」若此種子非為鹿食，非孔雀食，非風吹去，非村火燒，非野火燒，亦非敗壞不成種子；此種子不缺不穿，亦不剖坼，不為風、雨、日所中傷，得大雨漬，便速生也。我因種子，緣種子故，受此極苦、甚重苦也。』

「如是或有沙門、梵志，快莊嚴女共相娛樂，作如是說：『此沙門、梵志，於欲見當來有何恐怖、有何災患而斷於欲，施設斷欲？此快莊嚴於女身體，樂更樂觸。』彼與此女共相娛樂，於中遊戲。彼受此法，成具足已，身壞命終趣至惡處，生地獄中，方作是念：『彼沙門、梵志，於欲見此當來恐怖、見此災患故，斷於欲，施設斷欲。我等因欲、諍欲、緣欲故，受如是極苦、甚重苦也。』是謂受法現樂當來受苦報。

「云何受法現苦當來受樂報？或有一自然重濁欲、重濁恚、重濁癡，彼數隨欲心，受苦憂慼；數隨恚心、癡心，受苦憂慼。彼以苦以憂，盡其形壽，修行梵行，乃至啼泣墮淚。彼受此法，成具足已，身壞命終必昇善處，生於天中。是謂受法現苦當來受樂報。

「云何受法現苦當來亦受苦報？或有沙門、梵志，裸形無衣，或以手為衣，或以葉為衣，或以珠為衣。或不以瓶取水，或不以櫆取水。不食刀杖劫抄之食，不食欺妄食；不自往，不遣信；不來尊，不善尊，不住尊。若有二人食，不在中食；不懷妊家食，不畜狗家食，家有糞蠅飛來而不食。不噉魚，不食肉，不飲酒。不飲惡水，或都不飲，學無飲行。或噉一口，以一口為足；或二、三、四乃至七口，以七口為足。或食一得，以一得為足；或二、三、四乃至七得，以七得為足。或日一食，以一食為足；或二、三、四、五、六、七日、半月、一月一食，以一食為足。或食菜*茹，或食稗子，或食穄米，或食雜䴵，或食頭頭邏食，或食麤食；或至無事處依於無事；或食根，或食果，或食自落果。或持連合衣，或持毛衣，或持頭舍衣，或持毛頭舍衣，或持全皮，或持穿皮，或持全穿皮。或持散髮，或持編髮，或持散編髮。或有剃髮，或有剃鬚，或剃鬚髮，或有拔髮，或有拔鬚，或拔鬚髮。或住立斷坐，或修蹲行。或有臥刺，以刺為床；或有臥*草，以草為床。或有事水，晝夜手抒；或有事火，竟*宿燃之。或事日、月、尊祐大德，叉手向彼。如此之比，受無量苦，學煩熱行。彼受此法，成具足已，身壞命終必至惡處，生地獄中。是謂受法現苦當來亦受苦報。

「云何受法現樂當來亦受樂報？或有一自然不重濁欲，不重濁恚，不重濁癡，彼不數隨欲心，受苦憂慼；不數隨恚心、癡心，受苦憂慼。彼以樂以喜，盡其形壽，修行梵行，乃至歡悅心。彼受此法，成具足已，五下分結盡，化生於彼而般涅槃，得不退法，不還此世。是謂受法現樂當來亦受樂報。世間真實有是四種受法者，因此故說。」

佛說如是，彼諸比丘聞佛所說，歡喜奉行。

受法經第三竟一千五百八十三字

(一七五)中阿含心品受法經第四第四分別誦

我聞如是：一時，佛遊拘樓瘦劍磨瑟曇拘樓都邑。

爾時世尊告諸比丘：「此世間如是欲、如是望、如是愛、如是樂、如是意，令不喜、不愛、不可法滅，喜、愛、可法生。彼如是欲、如是望、如是愛、如是樂、如是意，然不喜、不愛、不可法生，喜、愛、可法滅，此是癡法。我法甚深難見，難覺難達，如是我法甚深難見，難覺難達，不喜、不愛、不可法滅，喜、愛、可法生，是不癡法。
「世間真實有四種受法。云何為四？或有受法現樂當來受苦報，或有受法現苦當來受樂報，或有受法現苦當來亦受苦報，或有受法現樂當來亦受樂報。
「云何受法現樂當來受苦報？或有一自樂自喜殺生，因殺生生樂生喜；彼自樂自喜不與取、邪婬、妄言乃至邪見，因邪見生樂生喜。如是身樂、心樂，不善從、不善生，不趣智、不趣覺、不趣涅槃，是謂受法現樂當來受苦報。
「云何受法現苦當來受樂報？或有一自苦自憂斷殺，因斷殺生苦生憂；彼自苦自憂斷不與取、邪婬、妄言乃至斷邪見，因斷邪見生苦生憂。如是身苦、心苦，善從、善生，趣智、趣覺、趣於涅槃，是謂受法現苦當來受樂報。

「云何受法現苦當來亦受苦報？或有一自苦自憂殺生，因殺生生苦生憂；彼自苦自憂不與取、邪婬、妄言乃至邪見，因邪見生苦生憂。如是身苦、心苦，不善從、不善生，不趣智、不趣覺、不趣涅槃，是謂受法現苦當來亦受苦報。

「云何受法現樂當來亦受樂報？或有一自樂自喜斷殺，因斷殺生樂生喜；彼自樂自喜斷不與取、邪婬、妄言乃至斷邪見，因斷邪見生樂生喜。如是身樂、心樂，善從、善生，趣智、趣覺、趣於涅槃，是謂受法現樂當來亦受樂報。

「若有受法現樂當來受苦報，彼癡者不知如真。此受法現樂當來受苦報，不知如真已，便習行不斷。習行不斷已，便不喜、不愛、不可法生，喜、愛、可法滅。猶如阿摩尼藥，一分好色香味，然雜以毒，或有人為病故服，服時好色香味，可口而不傷咽，服已在腹，便不成藥。如是此受法現樂當來受苦報，彼癡者不知如真。此受法現樂當來受苦報，不知如真已，便習行不斷。習行不斷已，便不喜、不愛、不可法生，喜、愛、可法滅，是謂癡法。

「若有受法現苦當來受樂報，彼癡者不知如真。此受法現苦當來受樂報，不知如真已，便不習行而斷之。不習行斷已，便不喜、不愛、不可法生，喜、愛、可法滅，是謂癡法。

「若有受法現苦當來亦受苦報，彼癡者不知如真。此受法現苦當來亦受苦報，不知如真已，便習行不斷。習行不斷已，便不喜、不愛、不可法生，喜、愛、可法滅。猶如大小便，復雜以毒，或有人為病故服，服時惡色臭無味，不可口而傷咽，服已在腹，便不成藥。如是此受法現苦當來亦受苦報，彼癡者不知如真。此受法現苦當來亦受苦報，不知如真已，便習行不斷。習行不斷已，便不喜、不愛、不可法生，喜、愛、可法滅，是謂癡法。

「若有受法現樂當來亦受樂報，彼癡者不知如真。此受法現樂當來亦受樂報，不知如真已，便不習行而斷之。不習行斷已，便不喜、不愛、不可法生，喜、愛、可法滅，是謂癡法。

「彼習行法不知如真，不習行法不知如真。習行法不知如真，不習行法不知如真已，不習行法習，習行法不習。不習行法習，習行法不習已，便不喜、不愛、不可法生，喜、愛、可法滅，是謂癡法。

「若有受法現樂當來受苦報，彼慧者知如真。此受法現樂當來受苦報，知如真已，便不習行而斷之。不習行斷已，便喜、愛、可法生，不喜、不愛、不可法滅，是謂慧法。

「若有受法現苦當來受樂報，彼慧者知如真。此受法現苦當來受樂報，知如真已，便習行不斷。習行不斷已，便喜、愛、可法生，不喜、不愛、不可法滅。猶如大小便和若干種藥，或有人為病故服，服時惡色臭無味，不可口而傷咽，服已在腹便成藥。如是此受法現苦當來受樂報，彼慧者知如真。此受法現苦當來受樂報，知如真已，便習行不斷。習行不斷已，便喜、愛、可法生，不喜、不愛、不可法滅，是謂慧法。

「若有受法現苦當來亦受苦報，彼慧者知如真。此受法現苦當來亦受苦報，知如真已，便不習行而斷之。不習行斷已，便喜、愛、可法生，不喜、不愛、不可法滅，是謂慧法。

「若有受法現樂當來亦受樂報，彼慧者知如真。此受法現樂當來亦受樂報，知如真已，便習行不斷。習行不斷已，便喜、愛、可法生，不喜、不愛、不可法滅。猶如酥蜜和若干種藥，或有人為病故服，服時好色香味，可口而不傷咽，服已在腹便成藥。如是此受法現樂當來亦受樂報，彼慧者知如真。此受法現樂當來亦受樂報，知如真已，便習行不斷。習行不斷已，便喜、愛、可法生，不喜、不愛、不可法滅，是謂慧法。

「彼習行法知如真，不習行法知如真。習行法知如真，不習行法知如真已，便習行法習，不習行法不習。習行法習，不習行法不習已，便喜、愛、可法生，不喜、不愛、不可法滅，是謂慧法。世間真實有是四種受法者，因此故說。」

佛說如是，彼諸比丘聞佛所說，歡喜奉行。

受法經第四竟一千五百七十五字

中阿含經卷第四十五六千二百九十五字

中阿含經卷第四十六

東晉罽賓三藏瞿曇僧伽提婆譯

(一七六)心品行禪經第五第四分別誦

我聞如是：一時，佛遊舍衛國，在勝林給孤獨園。

爾時世尊告諸比丘：「世間真實有四種行禪者。云何為四？或有行禪者熾盛而謂衰退，或有行禪者衰退而謂熾盛，或有行禪者衰退則知衰退如真，或有行禪者熾盛則知熾盛如真。

「云何行禪者熾盛而謂衰退？彼行禪者離欲、離惡不善之法，有覺、有觀，離生喜樂，得初禪成就遊。彼心修習正思，則從初禪趣第二禪，是勝息寂。彼行禪者便作是念：我心離本相，更趣餘處，失初禪滅定也。彼行禪者不知如真：我心修習正思，快樂息寂，則從初禪趣第二禪，是勝息寂。彼不知如真已，於如退轉，意便失定，如是行禪者熾盛而謂衰退。

「復次，行禪者覺觀已息，內*靜一心，無覺、無觀，定生喜樂，得第二禪成就遊。彼心修習正思，從第二禪趣第三禪，是勝息寂。彼行禪者便作是念：我心離本相，更趣餘處，失第二禪滅定也。彼行禪者不知如真：我心修習正思，快樂息寂，從第二禪趣第三禪，是勝息寂。彼不知如真已，於如退轉，意便失定，如是行禪者熾盛而謂衰退。

「復次，行禪者離於喜欲，捨無求遊，正念正智而身覺樂，謂聖所說、聖所捨、念、樂住、*定，得第三禪成就遊。彼心修習正思，從第三禪趣第四禪，是勝息寂。彼行禪者便作是念：我心離本相，更趣餘處，失第三禪滅定也。彼行禪者不知如真：我心修習正思，快樂息寂，從第三禪趣第四禪，是勝息寂。彼不知如真已，於如退轉，意便失定，如是行禪者熾盛而謂衰退。

「復次，行禪者樂滅、苦滅，喜、憂本已滅，不苦不樂，捨、念清淨，得第四禪成就遊。彼心修習正思，從第四禪趣無量空處，是勝息寂。彼行禪者便作是念：我心離本相，更趣餘處，失第四禪滅定也。彼行禪者不知如真：我心修習正思，快樂息寂，從第四禪趣無量空處，是勝息寂。彼不知如真已，於如退轉，意便失定，如是行禪者熾盛而謂衰退。

「復次，行禪者度一切色想，滅有對想，不念若干想，無量空，是無量空處成就遊。彼心修習正思，從無量空處趣無量識處，是勝息寂。彼行禪者便作是念：我心離本相，更趣餘處，失無量空處滅定也。彼行禪者不知如真：我心修習正思，快樂息寂，從無量空處趣無量識處，是勝息寂。彼不知如真已，於如退轉，意便失定，如是行禪者熾盛而謂衰退。

「復次，行禪者度一切無量空處，無量識，是無量識處成就遊。彼心修習正思，從無量識處，趣無所有處，是勝息寂。彼行禪者便作是念：我心離本相，更趣餘處，失無量識處滅定也。彼行禪者不知如真：我心修習正思，快樂息寂，從無量識處趣無所有處，是勝息寂。彼不知如真已，於如退轉，意便失定，如是行禪者熾盛而調衰退。

「復次，行禪者度一切無量識處，無所有，是無所有處成就遊。彼心修習正思，從無所有處趣非有想非無想處，是勝息寂。彼行禪者便作是念：我心離本相，更趣餘處，失無所有處滅定也。彼行禪者不知如真：我心修習正思，快樂息寂，從無所有處趣非有想非無想處，是勝息寂。彼不知如真已，於如退轉，意便失定，如是行禪者熾盛而謂衰退。

「云何行禪者衰退而謂熾盛？彼行禪者離欲、離惡不善之法，有覺、有觀，離生喜樂，得初禪成就遊。彼思餘小想，修習第二禪道。彼行禪者便作是念：我心修習正思，快樂息寂，則從初禪趣第二禪，是勝息寂。彼行禪者不知如真：寧可思厭相應想入初禪，不應思餘小想入第二禪。彼不知如真已，不覺彼心而便失定，如是行禪者衰退而謂熾盛。

「復次，行禪者覺觀已息，內*靜、一心，無覺、無觀，定生喜樂，得第二禪成就遊。彼思餘小想，修習第三禪道。彼行禪者便作是念：我心修習正思，快樂息寂，從第二禪趣第三禪，是勝息寂。彼行禪者不知如真：寧可思厭相應想入第二禪，不應思餘小想入第三禪。彼不知如真已，不覺彼心而便失定，如是行禪者衰退而調熾盛。

「復次，行禪者離於喜欲，捨無求遊，正念正智而身覺樂，謂聖所說、聖所捨、念、樂住、*空，得第三禪成就遊。彼思餘小想，修習第四禪道。彼行禪者便作是念：我心修習正思，快樂息寂。從第三禪趣第四禪，是勝息寂。彼行禪者不知如真：寧可思厭相應想入第三禪，不應思餘小想入第四禪。彼不知如真已，不覺彼心而便失定，如是行禪者衰退而調熾盛。

「復次，行禪者樂滅、苦滅，喜憂本已滅，不苦、不樂，捨、念清淨，得第四禪成就遊。彼思餘小想，修習無量空處道。彼行禪者便作是念：我心修習正思，快樂息寂，從第四禪趣無量空處，是勝息寂。彼行禪者不知如真：寧可思厭相應想入第四禪，不應思餘小想入無量空處。彼不知如真已，不覺彼心而便失定，如是行禪者衰退而調熾盛。

「復次，行禪者度一切色想，滅有對想，不念若干想，無量空，是無量空處成就遊。彼思餘小想，修習無量識處道。彼行禪者便作是念：我心修習正思，快樂息寂，從無量空處趣無量識處，是勝息寂。彼行禪者不知如真：寧可思厭相應想入無量空處，不應思餘小想入無量識處。彼不知如真已，不覺彼心而便失定，如是行禪者衰退而調熾盛。

「復次，行禪者度一切無量空處，無量識處，是無量識處成就遊。彼思餘小想，修習無所有處道。彼行禪者便作是念：我心修習正思，快樂息寂，從無量識處趣至無所有處，是勝息寂。彼行禪者不知如真：寧可思厭相應想入無量識處，不應思餘小想入無所有處。彼不知如真已，不覺彼心而便失定，如是行禪者衰退而調熾盛。

「復次，行禪者度一切無量識處，無所有，是無所有處成就遊。彼思餘小想，修習非有想非無想處道。彼行禪者便作是念：我心修習正思，快樂息寂，從無所有處趣非有想非無想處，是勝息寂。彼行禪者不知如真：寧可思厭相應想入無所有處，不應思餘小想入非有想非無想處。彼不知如真已，不覺彼心而便失定，如是行禪者衰退而調熾盛。

「云何行禪者衰退則知衰退如真？彼行禪者所行、所相、所標，度一切無所有處，非有想非無想，是非有想非無想處成就遊。彼不受此行，不念此相、標，唯行無所有處相應念想本退具。彼行禪者便作是念：我心離本相，更趣餘處，失非有想非無想處滅定也。彼知如真已，於如不退，意不失定，如是行禪者衰退則知衰退如真。

「復次，行禪者所行、所相、所標，度一切無量識處，無所有，是無所有處成就遊。彼不受此行，不念此相、標，唯行無量識處相應念想本*退具☆。彼行禪者便作是念：我心離本相，更趣餘處，失無所有處滅定也。彼知如真已，於如不退，意不失定，如是行禪者衰退則知衰退如真。

「復次，行禪者所行、所相、所標，度一切無量空處，無量識，是無量識處成就遊。彼不受此行，不念此相、標，唯行無量空處相應念想本退具。彼行禪者便作是念：我心離本相，更趣餘處，失無量空處滅定也。彼知如真已，於如不退，意不失定，如是行禪者衰退則知衰退如真。

「復次，行禪者所行、所相、所標，度一切色想，滅有對想，不念若干想，無量空，是無量空處成就遊。彼不受此行，不念此相、標，唯行色樂相應念想本退具。彼行禪者便作是念：我心離本相，更趣餘處，失無量空處滅定也。彼知如真已，於如不退，意不失定，如是行禪者衰退則知衰退如真。

「復次，行禪者所行、所相、所標，樂滅、苦滅，喜憂本已滅，不苦不樂，捨、念清淨，得第四禪成就遊。彼不受此行，不念此相、標，唯行第三禪相應念想本退具。彼行禪者便作是念：我心離本相，更趣餘處，失第四禪滅定也。彼知如真已，於如不退，意不失定，如是行禪者衰退則知衰退如真。

「復次，行禪者所行、所相、所標，離於喜欲，捨無求遊，正念正智而身覺樂，謂聖所說、聖所捨、念、樂住、*空，得第三禪成就遊。彼不受此行，不念此相、標，唯行第二禪相應念想本退具。彼行禪者便作是念：我心離本相，更趣餘處，失第三禪滅定也。彼知如真已，於如不退，意不失定，如是行禪者衰退則知衰退如真。

「復次，行禪者所行、所相、所標，覺觀已息，內*靜一心，無覺、無觀，定生喜樂，得第二禪成就遊。彼不受此行，不念此相、標，唯行初禪相應念想本退具。彼行禪者便作是念：我心離本相，更趣餘處，失第二禪滅定也。彼知如真已，於如不退，意不失定，如是行禪者衰退則知衰退如真。

「復此，行禪者所行、所相、所標，離欲、離惡不善之法，有覺有觀，離生喜樂，得初禪成就遊。彼不受此行，不念此相、標，唯行欲樂相應念想本退具。彼行禪者便作是念：我心離本相，更趣餘處，失初禪滅定也。彼知如真已，於如不退，意不失定，如是行禪者衰退則知衰退如真。

「云何行禪者熾盛則知熾盛如真？彼行禪者離欲、離惡不善之法，有覺、有觀，離生喜樂，得初禪成就遊。彼心修習正思，快樂息寂，則從初禪趣第二禪，是勝息寂。彼行禪者便作是念：我心修習正思，快樂息寂，則從初禪趣第二禪，是勝息寂。彼知如真已，便覺彼心而不失定，如是行禪者熾盛則知熾盛如真。

「復次，行禪者覺觀已息，內*靜一心，無覺、無觀，定生喜樂，得第二禪成就遊。彼心修習正思，快樂息寂，從第二禪趣第三禪，是勝息寂。彼行禪者便作是念：我心修習正思，快樂息寂，從第二禪趣第三禪，是勝息寂。彼知如真已，便覺彼心而不失定，如是行禪者熾盛則知熾盛如真。

「復次，行禪者離於喜欲，捨無求遊，正念正智而身覺樂，謂聖所說、聖所捨、念、樂住、*空，得第三禪成就遊。彼心修習正思，快樂息寂，從第三禪趣第四禪，是勝息寂。彼行禪者便作是念：我心修習正思，快樂息寂，從第三禪趣第四禪，是勝息寂。彼知如真已，便覺彼心而不失定，如是行禪者熾盛則知熾盛如真。

「復次，行禪者樂滅、苦滅，喜、憂本已滅，不苦不樂，捨、念清淨，得第四禪成就遊。彼心修習正思，快樂息寂，從第四禪趣無量空處，是勝息寂。彼行禪者便作是念：我心修習正思，快樂息寂，從第四禪趣無量空處，是勝息寂。彼知如真已，便覺彼心而不失定，如是行禪者熾盛則知熾盛如真。

「復次，行禪者度一切色想，滅有對想，不念若干想，無量空，是無量空處成就遊。彼心修習正思，快樂息寂，從無量空處趣無量識處，是勝息寂。彼行禪者便作是念：我心修習正思，快樂息寂，從無量空處趣無量識處，是勝息寂。彼知如真已，便覺彼心而不失定，如是行禪者熾盛則知熾盛如真。

「復次，行禪者度一切無量空處，無量識，是無量識處成就遊。彼心修習正思，快樂息寂，從無量識處趣無所有處，是勝息寂。彼行禪者便作是念：我心修習正思，快樂息寂，從無量識處趣無所有處，是勝息寂。彼知如真已，便覺彼心而不失定，如是行禪者熾盛則知熾盛如真。

「復次，行禪者度一切無量識處，無所有，是無所有處成就遊。彼心修習正思，快樂息寂，從無所有處趣非有想非無想處，是勝息寂。彼行禪者便作是念：我心修習正思，快樂息寂，從無所有處趣非有想非無想處，是勝息寂。彼知如真已，便覺彼心而不失定，如是行禪者熾盛則知熾盛如真。世間實有是四種行禪者，因此故說。」

佛說如是，彼諸比丘聞佛所說，歡喜奉行。

行禪經第五竟二千五百七十七字

（一七七）中阿含心品說經第六第四分別誦

我聞如是：一時，佛遊拘樓瘦劒摩瑟曇拘樓都邑。

爾時世尊告諸比丘：「我今當為汝等說法，初妙、中妙、竟亦妙，有義有文，具足清淨，顯現梵行，名四種說經。如四種說經分別其義，諦聽！諦聽！善思念之，我今當說。」

時諸比丘受教而聽，佛言：「云何四種說經分別其義？若有比丘所行、所相、所標，離欲、離惡不善之法，有覺、有觀，離生喜樂，得初禪成就遊。彼不受此行，不念此相、標，唯行欲樂相應念想退轉具。彼比丘應當知：我生此法，不住、不進，亦復不厭，我生此法而令我退，然我此定不得久住。彼比丘應如是知。

「復次，比丘所行、所相、所標，離欲、離惡不善之法，有覺、有觀，離生喜樂，得初禪成就遊。彼受此行，念此相、標，立念如法，令住一意。彼比丘應當知：我生此法，不退、不進，亦復不厭，我生此法能令我住，而我此定必得久住。彼比丘應如是知。

「復次，比丘所行、所相、所標，離欲、離惡不善之法，有覺、有觀，離生喜樂，得初禪成就遊。彼不受此行，不念此相、標，唯行第二禪相應念想昇進具。彼比丘應當知：我生此法，不退、不住，亦復不厭，我生此法令我昇進，如是不久當得第二禪。彼比丘應如是知。

「復次，比丘所行、所相、所標，離欲、離惡不善之法，有覺、有觀，離生喜樂，得初*禪成就遊。彼不受此行，不念此相、標，唯行滅息相應念想無欲具。彼比丘應當知：我生此法，不退、不住，亦不昇進，我生此法能令我厭，如是不久當得漏盡。彼比丘應如是知。

「復次，比丘所行、所相、所標，覺、觀已息，內*靜一心，無覺、無觀，定生喜樂，得第二禪成就遊。彼不受此行，不念此相、標，唯行初禪相應念想退轉具。彼比丘應當知：我生此法，不住、不進，亦復不厭，我生此法而令我退，然我此定不得久住。彼比丘應如是知。

「復次，比丘！所行、所相、所標，覺、觀已息，內*靜一心，無覺、無觀，定生喜樂，得第二禪成就遊。彼受此行，念此相、標，立念如法，令住一意。彼比丘應當知：我生此法，不退、不進，亦復不厭，我生此法能令我住，而我此定必得久住。彼比丘應如是知。

「復次，比丘所行、所相、所標，覺、觀已息，內*靜一心，無覺、無觀，定生喜樂，得第二禪成就遊。彼不受此行，不念此相、標，唯行第三禪相應念想昇進具。彼比丘應當知：我生此法，不退、不住，亦復不厭，我生此法令我昇進，如是不久當得第三禪。彼比丘應如是知。

「復次，比丘所行、所相、所標，覺、觀已息，內*靜一心，無覺、無觀，定生喜樂，得第二禪成就遊。彼不受此行，不念此相、標，唯行滅息相應念想無欲具。彼比丘應當知：我生此法，不退、不住，亦不昇進，我生此法能令我厭，如是不久當得漏盡。彼比丘應如是知。

「復次，比丘所行、所相、所標，離於喜欲，捨無求遊，正念正智而身覺樂，謂聖所說、聖所捨、念、樂住、*空，得第三禪成就遊。彼不受此行，不念此相、標，唯行第二禪相應念想退轉具。彼比丘應當知：我生此法，不住、不進，亦復不厭，我生此法而令我退，然我此定不得久住。彼比丘應如是知。

「復次，比丘所行、所相、所標，離於喜欲，捨無求遊，正念正智而身覺樂，謂聖所說、聖所捨、念、樂住、*空，得第三禪成就遊。彼受此行，念此相、標，立念如法，令住一意。彼比丘應當知：我生此法，不退、不進，亦復不厭，我生此法能令我住，而我此定必得久住。彼比丘應如是知。

「復次，比丘所行、所相、所標，離於喜欲、捨無求遊，正念正智而身覺樂，謂聖所說、聖所捨、念、樂住、*空，得第三禪成就遊。彼不受此行，不念此相、標，唯行第四禪相應念想昇進具。彼比丘應當知：我生此法，不退、不住，亦復不厭，我生此法令我昇進，如是不久當得第四禪。彼比丘應如是知。

「復次，比丘所行、所相、所標，離於喜欲，捨無求遊，正念，正智而身覺樂，謂聖所說、聖所捨、念、樂住、*空，得第三禪成就遊。彼不受此行，不念此相、標，唯行滅息相應念想無欲具。彼比丘應當知：我生此法，不退、不住，亦不昇進，我生此法能令我厭，如是不久當得漏盡。彼比丘應如是知。

「復次，比丘所行、所相、所標，樂滅、苦滅，喜、憂本已滅，不苦不樂，捨、念清淨，得第四禪成就遊。彼不受此行，不念此相、標，唯行第三禪相應念想退轉具。彼比丘應當知：我生此法，不住、不進，亦復不厭，我生此法而令我退，然我此定不得久住。彼比丘應如是知。

「復次，比丘所行、所相、所標，樂滅、苦滅，喜、憂本已滅，不苦不樂，捨、念清淨，得第四禪成就遊。彼受此行，念此相、標，立念如法，令住一意。彼比丘應當知：我生此法，不退、不進，亦復不厭，我生此法能令我住，而我此定必得久住。彼比丘應如是知。

「復次，比丘所行、所相、所標，樂滅、苦滅，喜、憂本已滅，不苦不樂，捨、念清淨，得第四禪成就遊。彼不受此行，不念此相、標，唯行無量空處相應念想昇進具。彼比丘應當知：我生此法，不退、不住，亦復不厭，我生此法令我昇進，如是不久當得無量空處。彼比丘應如是知。

「復次，比丘所行、所相、所標，樂滅、苦滅，喜、憂本已滅，不苦不樂，捨、念清淨，得第四禪成就遊。彼不受此行，不念此相、標，唯行滅息相應念想無欲具。彼比丘應當知：我生此法，不退、不住，亦不昇進，我生此法能令我厭，如是不久當得漏盡。彼比丘應如是知。

「復次，比丘所行、所相、所標，度一切色想，滅有對想，不念若干想，無量空，是無量空處成就遊。彼不受此行，不念此相、標，唯行色樂相應念想退轉具。彼比丘應當知：我生此法，不住、不進，亦復不厭，我生此法而令我退，然我此定不得久住。彼比丘應如是知。

「復次，比丘所行、所相、所標，度一切色想，滅有對想，不念若干想，無量空，是無量空處成就遊。彼受此行，念此相、標，立念如法，令住一意。彼比丘應當知：我生此法，不退、不進，亦復不厭，我生此法能令我住，而我此定必得久住。彼比丘應如是知。

「復次，比丘所行、所相、所標，度一切色想，滅有對想，不念若干想，無量空，是無量空處成就遊。彼不受此行，不念此相、標，唯行無量識處相應念想昇進具。彼比丘應當知：我生此法，不退、不住，亦復不厭，我生此法令我昇進，如是不久當得無量識處。彼比丘應如是知。

「復次，比丘所行、所相、所標，度一切色想，滅有對想，不念若干想，無量空，是無量空處成就遊。彼不受此行，不念此相、標，唯行滅息相應念想無欲具。彼比丘應當知：我生此法，不退、不住，亦不昇進，我生此法能令我厭，如是不久當得漏盡。彼比丘應如是知。

「復次，比丘所行、所相、所標，度一切無量空處，無量識，是無量識處成就遊。彼不受此行，不念此*相、標，唯行無量空處相應念想退轉具。彼比丘應當知：我生此法，不住、不進，亦復不厭，我生此法而令我退，然我此定不得久住。彼比丘應如是知。

「復次，比丘所行、所相、所標，度一切無量空處，無量識，是無量識處成就遊。彼受此行，念此相、標，立念如法，令住一意。彼比丘應當知：我生此法、不退、不進，亦復不厭，我生此法能令我住，而我此定必得久住。彼比丘應如是知。

「復次，比丘所行、所相、所標，度一切無量空處，無量識，是無量識處成就遊。彼不受此行，不念此相、標，唯行無所有處相應念想昇進具。彼比丘應當知：我生此法，不退、不住，亦復不厭，我生此法令我昇進，如是不久當得無所有處。彼比丘應如是知。

「復次，比丘所行、所相、所標，度一切無量空處，無量識，是無量識處成就遊。彼不受此行，不念此相、標，唯行滅息相應念想無欲具。彼比丘應當知：我生此法，不退、不住，亦不昇進，我生此法能令我厭，如是不久當得漏盡。彼比丘應如是知。

「復次，比丘所行、所相、所標，度一切無量識處，無所有，是無所有處成就遊。彼不受此行，不念此相、標，唯行無量識處相應念想退轉具。彼比丘應當知：我生此法，不住、不進，亦復不厭，我生此法而令我退，然我此定不得久住。彼比丘應如是知。

「復次，比丘所行、所相、所標，度一切無量識處，無所有，是無所有處成就遊。彼受此行，念此相、標，立念如法，令住一意。彼比丘應當知：我生此法，不退、不進，亦復不厭，我生此法能令我住，而我此定必得久住。彼比丘應如是知。

「復次，比丘所行、所相、所標，度一切無量識處，無所有，是無所有處成就遊。彼不受此行，不念此相、標，唯行非有想非無想處相應念想昇進具。彼比丘應當知：我生此法，不退、不住，亦復不厭，我生此法令我昇進，如是不久當得非有想非無想處。彼比丘應如是知。

「復次，比丘所行、所相、所標，度一切無量識處，無所有，是無所有處成就遊。彼不受此行，不念此相、標，唯行厭相應念想無欲具。彼比丘應當知：我生此法，不退、不住，亦不昇進，我生此法能令我厭，如是不久當得漏盡。彼比丘應如是知。

「有想有知齊是得知，乃至非有想非無想處行餘第一有，行禪比丘者，從是起當為彼說。」

佛說如是，彼諸比丘聞佛所說，歡喜奉行。

說經第六竟（二千八百二十字）

中阿含經卷第四十六（六千三百九十七字）

中阿含經卷第四十七

東晉罽賓三藏瞿曇僧伽提婆譯

（一七八）心品獵師經第七 第四分別誦

我聞如是：一時，佛遊王舍城，在竹林迦蘭哆園。

爾時世尊告諸比丘：「獵師飼鹿，不如是心：令鹿得肥、得色、得力、得樂、長壽。獵師飼鹿，如是心飼：唯欲近食，◎使近食已，令憍恣放逸；◎彼放逸已，◎便隨獵師、獵師眷屬。獵師飼鹿，如是心也。

「第一群鹿近食獵師食，彼近食已，便憍恣放逸；放逸已，便隨獵師、獵師眷屬。如是彼第一群鹿不脫獵師、獵師眷屬境界。

「第二群鹿而作是念：『第一群鹿近食獵師食，彼近食已，便憍恣放逸；放逸已，便隨獵師、獵師眷屬。如是第一群鹿不脫獵師、獵師眷屬境界。我今寧可*捨獵師食，離於恐怖，依無事處，食草飲水耶？』第二群鹿作是念已，便捨獵師食，離於恐怖，依無事處，食草飲水。彼春後月諸草水盡，身體極羸，氣力衰退，便隨獵師、獵師眷屬。如是彼第二群鹿亦復不脫獵師、獵師眷屬境界。

「第三群鹿亦作是念：『第一、第二群鹿，一切不脫獵師、獵師眷屬境界。我今寧可離獵師、獵師眷屬，依住不遠；住不遠已，不近食獵師食；不近食已，便不憍恣放逸；不放逸已，便不隨獵師、獵師眷屬。』第三群鹿作是念已，便離獵師、獵師眷屬，依住不遠；住不遠已，不近食獵師食；不近食已，便不憍恣放逸；不放逸已，便不隨獵師、獵師眷屬。彼獵師、獵師眷屬便作是念：『第三群鹿甚奇！諂黠、極諂黠！所以者何？食我食已，而不可得。我今寧可作長圍罝，作長圍罝已，便得第三群鹿所依住止。』獵師、獵師眷屬作是念已，便作長圍罝；作長圍罝已，便得第三群鹿所依住止。如是第三群鹿亦復不脫獵師、獵師眷屬境界。

「第四群鹿亦作是念：『第一、第二、第三群鹿，一切不脫獵師、獵師眷屬境界。我今寧可依住獵師、獵師眷屬所不至處；依住彼已，不近食獵師食；不近食已，便不憍恣放逸；不放逸已，便不隨獵師、獵師眷屬。』第四群鹿作是念已，便依住獵師、獵師眷屬所不至處；依住彼已，便不近食獵師食；不近食已，便不憍恣放逸；不放逸已，便不隨獵師、獵師眷屬。彼獵師、獵師眷屬復作是念：『第四群鹿甚奇猛儁！第一猛儁！若我逐彼必不能得，餘鹿則當恐怖驚散，我今寧可捨置第四群鹿。』獵師、獵師眷屬作是念已，則便捨置。如是第四群鹿便得脫獵師、獵師眷屬境界。

「比丘！我說此喻，欲令解義；我今說此，當觀其義。獵師食者，當知五欲功德：眼知色、耳知聲、鼻知香、舌知味、身知觸。獵師食者，當知是五欲功德也。獵師者，當知是惡魔王也。獵師眷屬者，當知是魔王眷屬也。群鹿者，當知是沙門、梵志也。

「第一沙門、梵志近食魔王食、世間信施食，彼近食已，便憍恣放逸；放逸已，便隨魔王、魔王眷屬。如是第一沙門、梵志不脫魔王、⊙魔王眷屬☆境界。猶如第一群鹿近食獵師食，彼近食已，便憍恣放逸；放逸已，便隨獵師、獵師眷屬。如是第一群鹿不脫獵師、獵師眷屬境界。當觀彼第一沙門、梵志亦復如是。

「第二沙門、梵志亦作是念：『第一沙門、梵志近食魔王食：世間信施食，彼近食已，便憍恣放逸；放逸已，便隨魔王、魔王眷屬。如是彼第一沙門、梵志不脫魔王、魔王眷屬境界。我今寧可捨世間信施食，離於恐怖，依無事處，食果及根◎耶？』第二沙門、梵志作是念已，便捨世間信施食，離於恐怖，依無事處，食果及根。彼春後月諸果根盡，身體極羸，氣力衰退；◎力衰退已，便心解脫、慧解脫衰退；心解脫、慧解脫衰退已，便隨魔王、魔王眷屬。如是第二沙門、梵志亦不脫魔王、魔王眷屬境界。猶如第二群鹿而作是念：『第一群鹿近食獵師食，彼近食已，便憍恣放逸；放逸已，便隨獵師、獵師眷屬。如是第一群鹿不脫獵師、獵師眷屬境界。我今寧可捨獵師食，離於恐怖，依無事處，食草飲水耶？』第二群鹿作是念已，便捨獵師食，離於恐怖，依無事處，食草飲水。彼春後月諸草水盡，身體極羸，氣力衰退，便隨獵師、獵師眷屬。如是第二群鹿亦不脫獵師、獵師眷屬境界。當觀彼第二沙門、梵志亦復如是。

「第三沙門、梵志亦作是念：『第一、第二沙門、梵志，一切不脫魔王、魔王眷屬境界。我今寧可離魔王、魔王眷屬，依住不遠；住不遠已，不近食世間信施食；不近食已，便不憍恣放逸；不放逸已，便不隨魔王、魔王眷屬。』第三沙門、梵志作是念已，便離魔王、魔王眷屬，依住不遠；住不遠已，便不近食世間信施食；不近食已，便不憍恣放逸；不放逸已，便不隨魔王、魔王眷屬。然受持二見：有見及無見。彼受此二見故，便隨魔王、魔王眷屬。如是第三沙門、梵志亦不脫魔王、魔王眷屬境界。猶如第三群鹿亦作是念：『第一、第二群鹿，一切不脫獵師、獵師眷屬境界。我今寧可離獵師、獵師眷屬，依住不遠；住不遠已，不近食獵師食；不近食已，便不憍恣放逸；不放逸已，便不隨獵師、獵師眷屬。』第三群鹿作是念已，便離獵師、獵師眷屬，依住不遠；住不遠已，不近食獵師食；不近食已，便不憍恣放逸；不放逸已，便不隨獵師、獵師眷屬。彼獵師、獵師眷屬便作是念：『第三群鹿甚奇！諂黠、極諂黠！所以者何？食我食已，而不可得。我今寧可作長圍罝，作長圍罝已，便得第三群鹿所依住止。』獵師、獵師眷屬作是念已，便作長圍罝；作長圍罝已，便得第三群鹿所依住止。如是第三群鹿亦不脫獵師、獵師眷屬境界。所依者當知有見也，住止者當知無見也。當觀彼第三沙門、梵志亦復如是。

「第四沙門、梵志亦作是念：『第一、第二、第三沙門、梵志，一切不脫魔王、魔王眷屬境界。我今寧可依住魔王、魔王眷屬所不至處；依住彼已，不近食世間信施食；不近食已，便不憍恣放逸；不放逸已，便不隨魔王、魔王眷屬。』第四沙門、梵志作是念已，便依住魔王、魔王眷屬所不至處；依住彼已，不近食世間信施食；不近食已，便不憍恣放逸；不放逸已，便不隨魔王、魔王眷屬。如是第四沙門、梵志便脫魔王、魔王眷屬境界。猶如第四群鹿亦作是念：『第一、第二、第三群鹿，一切不脫獵師、獵師眷屬境界。我今寧可依住獵師、獵師眷屬所不至處；依住彼已，不近食獵師食；不近食已，便不憍恣放逸；不放逸已，便不隨獵師、獵師眷屬。』第四群鹿作是念已，便依住獵師、獵師眷屬所不至處；依住彼已，不近食獵師食；不近食已，便不憍恣放逸；不放逸已，便不隨獵師、獵師眷屬。彼獵師、獵師眷屬復作是念：『第四群鹿甚奇*猛儁☆！第一*猛儁☆！若我逐彼，必不能得，餘鹿則當恐怖驚散，我今寧可捨置第四群鹿。』彼獵師、獵師眷屬作是念已，則便捨置。如是第四群鹿便脫獵師、獵師眷屬境界。當觀彼第四沙門、梵志亦復如是。

「比丘！當學如是所依住止，令魔王、魔王眷屬所不至處。何者魔王、魔王眷屬所不至處？謂比丘離欲、離惡不善之法，至得第四禪成就遊，是謂魔王、魔王眷屬所不至處。復次，何者魔王、魔王眷屬所不至處？謂比丘心與慈俱，遍滿一方成就遊。如是二三四方、四維上下，普周一切，心與慈俱，無結無怨，無恚無諍，極廣甚大，無量善修，遍滿一切世間成就遊。如是悲、喜，心與捨俱，無結無怨，無恚無諍，極廣甚大，無量善修，遍滿一切世間成就遊。是謂魔王、魔王眷屬所不至處。復次，何者魔王、魔王眷屬所不至處？謂比丘度一切色想，至非有想非無想處成就遊，是謂魔王、魔王眷屬所不至處。復次，何者魔王、魔王眷屬所不至處？謂比丘度一切非有想非無想處，想知滅身觸成就遊，慧見諸漏盡斷知，是謂魔王、魔王眷屬所不至處。比丘！如是所依住*止，令☆魔王、魔王眷屬所不至處，當學如是。」

佛說如是，彼諸比丘聞佛所說，歡喜奉行。

獵師經第七竟二千三百九十六字

（一七九）中阿含心品五支物主經第八第四分別誦

我聞如是：一時，佛遊舍衛國，在勝林給孤獨園。

爾時五支物主平*旦出舍衛國，往詣佛所，欲見世尊供養禮事。五支物主便作是念：「且置往見佛世尊，或能宴坐及諸尊比丘，我今寧可詣一娑邏末利異學園。」

於是五支物主便至*此道遊戲歡樂，近巾頭阿梨，往詣一娑邏末利異學園。

彼時娑邏末利異學園中，有一異學沙門文祁子，在於彼中為大宗主，衆人之師，衆所敬重，統領大衆五百異學師。彼在擾亂衆發高大音聲，其聲喧鬧，說若干種畜生之論，謂論王、論賊、論鬪諍、論飲食、論衣被、論婦人、論童女、論婬女、論世間、論邪道、論海中；如是比聚集，論若干種畜生之論。異學沙門文祁子遙見五支物主來，便自勑己衆，令默然往：「汝等默然！莫復語言！宜自收斂，此沙門瞿曇弟子五支物主來。若有沙門瞿曇在家弟子居舍衞國者，無過於五支物主。所以者何？彼愛樂默然，稱說默然；若彼見此衆默然者，或能來前。」

彼時異學沙門文祁子止己衆已，自默然住。

於是五支物主往詣異學沙門文祁子所，共相問訊，却坐一面。異學沙門文祁子語曰：「物主！若有四事，我施設彼成就善、第一善、無上士、得第一義、質直沙門。云何為四？身不作惡業，口不惡言，不行邪命，不念惡念。物主！若有此四事者，我施設彼成就善、第一善、無上士、得第一義、質直沙門。」

五支物主聞異學沙門文祁子所說，不是不非，從坐起去：如此所說，我自詣佛，當問此義。便往詣佛，稽首作禮，却坐一面，與異學沙門文祁子所共論者，盡向佛說。

世尊聞已，告曰：「物主！如異學沙門文祁子所說，若當爾者，嬰孩童子支節柔軟，仰向臥眠，亦當成就善、第一善、無上士、得第一義、質直沙門。物主！嬰孩童子尚無身想，況復作身惡業耶？唯能動身。物主！嬰孩童子尚無口想，況復惡言耶？唯能得啼。物主！嬰孩童子尚無命想，況復行邪命耶？唯有呻吟。物主！嬰孩童子尚無念想，況復惡念耶？唯念母乳。物主！若如異學沙門文祁子說者，如是嬰孩童子成就善、第一善、無上士、得第一義、質直沙門。

「物主！若有四事，我施設彼成就善、第一善，然非無上士，不得第一義，亦非質直沙門。云何為四？身不作惡業，口不惡言，不行邪命，不念惡念。物主！若有此四事，我施設彼成就善、第一善，然非無上士，不得第一義，亦非質直沙門。物主！身業、口業者，我施設是戒。物主！念者，我施設是心所有與心相隨。

「物主！我說當知不善戒，當知不善戒從何而生？當知不善戒何處滅無餘？何處敗壞無餘？當知賢聖弟子云何行滅不善戒耶？物主！

我說當知善戒，當知善戒從何而生？當知善戒何處滅無餘？何處敗壞無餘？當知賢聖弟子云何行滅善戒耶？物主！我說當知不善念，當知不善念從何而生？當知不善念何處滅無餘？何處敗壞無餘？當知賢聖弟子云何行滅不善念耶？物主我說當知善念，當知善念從何而生？當知善念何處滅無餘？何處敗壞無餘？當知賢聖弟子云何行滅善念耶？

「物主！云何不善戒耶？不善身行，不善口、意行，是謂不善戒。物主！此不善戒從何而生？我說彼所從生，當知從心生。云何為心？若心有欲、有恚、有癡，當知不善戒從是心生。物主！不善戒何處滅無餘？何處敗壞無餘？多聞聖弟子捨身不善業，修身善業；捨口、意不善業，修口、意善業，此不善戒滅無餘，敗壞無餘。物主！賢聖弟子云何行滅不善戒？若多聞聖弟子觀內身如身，至觀覺、心、法如法，賢聖弟子如是行者，滅不善戒也。

「物主！云何善戒耶？善身業，善口、意業，是謂善戒。物主！此善戒從何而生？我說彼所從生，當知從心生。云何為心？若心無欲[2]、無恚、無癡，當知善戒從是心生。物主！善戒何處滅無餘？何處敗壞無餘？若多聞聖弟子行戒不著戒，此善戒滅無餘，敗壞無餘。物主！賢聖弟子云何行滅善戒？若多聞聖弟子觀內身如身，至觀覺、心、法如法，賢聖弟子如是行者，滅善戒也。

「物主！云何不善念耶？欲念、恚念、害念，是謂不善念。物主！不善念從何而生？我說彼所從生，當知從想生。云何為想？我說想多種、無量種、若干種行，或欲想、或恚想、或害想。物主！眾生因欲界想故，生不善念，欲界相應。若有想者，因彼想故，生不善念，欲界相應。物主！眾生因恚、害界想故，生不善念，恚、害界相應。若有想者，因彼想故，生不善念，恚、害界相應。此不善念從是想生。物主！不善念何處滅無餘？何處敗壞無餘？若多聞聖弟子離欲、離惡不善之法，有覺、有觀，離生喜樂，得初禪成就遊；此不善念滅無餘，敗壞無餘。物主！賢聖弟子云何行滅不善念？若多聞聖弟子觀內身如身，至觀覺、心、法如法，賢聖弟子如是行者，滅不善念也。

「物主！云何善念耶？無欲念、無恚念、無害念，是謂善念。物主！善念從何而生？我說彼所從生，當知從想生。云何為想？我說想多種、無量種、若干種行，或無欲想、或無恚想、或無害想。物主！衆生因無欲界想故，生善念，無欲界相應。若有想者，因彼想故，生善念，無欲界相應。物主！衆生因無恚、無害界故，生善念，無恚、無害界相應。若有想者，因彼想故，生善念，無*恚、無害界相應。此善念從是想生。物主！善念何處滅無餘？何處敗壞無餘？若多聞聖弟子樂滅、苦滅，喜憂本已滅，不苦不樂，捨、念清淨，得第四禪成就遊；此善念滅無餘，敗壞無餘。物主！賢聖弟子云何行滅善念？若多聞聖弟子觀內身如身，至觀覺、心、法如法，賢聖弟子如是行者，滅善念也。

「物主！若多聞聖弟子以慧觀不善戒知如真，從生不善戒知如真；此不善戒滅無餘，敗壞無餘，知如真以慧觀，賢聖弟子如是行者，滅不善戒知如真。以慧觀善戒知如真，從生善戒知如真；此善戒滅無餘，敗壞無餘，知如真以慧觀，賢聖弟子如是行者，滅善戒知如真。以慧觀不善念知如真，從生不善念知如真；此不善念滅無餘，敗壞無餘，知如真以慧觀，賢聖弟子如是行者，滅不善念知如真。以慧觀善念知如真，從生善念知如真；此善念滅無餘，敗壞無餘，知如真以慧觀，賢聖弟子如是行者，滅善念知如真。所以者何？因正見故生正志，因正志故生正語，因正語故生正業，因正業故生正命，因正命故生正方便，因正方便故生正念，因正念故生正定。賢聖弟子心如是定已，便解脫一切婬、恚、癡。

「物主！賢聖弟子如是正心解脫已，便知一切生已盡，梵行已立，所作已辦，不更受有，知如真。是謂學見跡成就八支，漏盡阿羅訶成就十支。物主！云何學見跡成就八支？謂學正見至學正定，是謂學見跡成就八支。物主！云何漏盡阿羅訶成就十支？謂無學正見至無學正智，是謂漏盡阿羅訶成就十支。物主！若有十支，我施設彼成就善、第一善、無上士、得第一義、質直沙門。」

佛說如是，彼五支物主及諸比丘聞佛所說，歡喜奉行。

五支物主經第八竟二千一百七十八字

（一八〇）中阿含心品瞿曇彌經第九第四分別誦

我聞如是：一時，佛遊釋羈瘦，在加鞞羅衛尼拘類樹園。

爾時摩訶簸邏闍鉢提瞿曇彌，持新金縷黃色衣，往詣佛所，稽首佛足，却住一面，白曰：「世尊！此新金縷黃色衣，我自為世尊作，慈愍我故，願垂納受！」

世尊告曰：「瞿曇彌！持此衣施比丘眾，施比丘眾已，便供養我，亦供養眾。」

大生主瞿曇彌至再三白曰：「世尊！此新金縷黃色衣，我自為世尊作，慈愍我故，願垂納受！」

世尊亦至再三告曰：「瞿曇彌！持此衣施比丘眾，施比丘眾已，便供養我，亦供養眾。」

爾時尊者阿難立世尊後執拂侍佛。於是尊者阿難白曰：「世尊！此大生主瞿曇彌於世尊多所饒益，世尊母命終後乳養世尊。」

世尊告曰：「如是，阿難！如是，阿難！大生主瞿曇彌實於我多所饒益，我母命終後乳養於我。阿難！我亦於大生主瞿曇彌多所饒益。所以者何？大生主瞿曇彌因我故，得自歸於佛、法及比丘眾，不疑三尊，苦、習、滅、道，成就信、戒、多聞、施、慧，離殺斷殺、不與取、邪婬、妄言，離酒斷酒。阿難！若有人因人故，得自歸於佛、法及比丘眾，不疑三尊，苦、習、滅、道，成就信、戒、多聞、施、慧，離殺斷殺、不與取、邪婬、妄言，離酒斷酒者；此人供養於彼人，至盡形壽，以飲食、衣被、床榻、湯藥及若干種諸生活具，不得報恩。

「復次，阿難！有七施衆、有十四私施，得大福，得大果，得大功德，得大廣報。

「阿難！云何七施衆，得大福，得大果，得大功德，得大廣報？信族姓男、族姓女，佛在世時，佛為首，施佛及比丘衆；是謂第一施衆，得大福，得大果，得大功德，得大廣報。信族姓男、族姓女，世尊般涅槃後不久施二部衆，施比丘衆，施比丘尼衆，入比丘僧園而白衆曰：『衆中爾所比丘來，布施彼也。』入比丘尼僧房而白衆曰：『衆中爾所比丘尼來，布施彼也。』是謂第五施衆，得大福，得大果，得大功德，得大廣報。

「阿難！當來時有比丘，名姓種，不精進，著袈裟衣。彼不精進，不精進故施，依衆故，緣衆故，上衆故，因衆故，我說爾時施主得無量不可數不可計福，得善得樂。況復今比丘成就行事，成就除事，成就行事除事；成就質直，成就柔軟，成就質直柔軟；成就忍，成就樂，成就忍樂；成就相應，成就經紀，成就相應經紀；成就威儀，成就行來遊，成就威儀行來遊；成就信，成就戒，成就多聞，成就施，成就慧，成就信、戒、多聞、施、慧耶！是謂第七施衆，得大福，得大果，得大功德，得大廣報。是謂有七施衆，得大福，得大果，得大功德，得大廣報。

「阿難！云何有十四私施，得大福，得大果，得大功德，得大廣報？有信族姓男、族姓女，布施如來，施緣一覺，施阿羅訶，施向阿羅訶，施阿那含，施向阿那含，施斯陀含，施向斯陀含，施須陀洹，施向須陀洹，施離欲外仙人，施精進人，施不精進人，布施畜生。阿難！布施畜生得福百倍，施不精進人得福千倍，施精進人得福百千倍，施離欲外仙人得福億百千倍，施向須陀洹無量，得須陀洹無量，向斯陀含無量，得斯陀含無量，向阿那含無量，得阿那含無量，向阿羅訶無量，得阿羅訶無量，緣一覺無量，況復如來、無所著、等正覺耶！此十四私施，得大福，得大果，得大功德，得大廣報。

「復次，阿難！有四種布施、三淨施。云何為四？或有布施，因施主淨，非受者；或有布施，因受者淨，非施主；或有布施，非因施主淨，亦非受者；或有布施，因施主淨，受者亦然。

「阿難！云何布施，因施主淨，非受者耶？施主精進行妙法，見來見果，如是見、如是說：『有施有施果。』受者不精進，行惡法，不見來不見果，如是見、如是說：『無施無施果。』是謂布施，因施主淨，非受者也。

「阿難！云何布施，因受者淨，非施主耶？施主不精進，行惡法，不見來不見果，如是見、如是說：『無施無施果。』受者精進，行妙法，見來見果，如是見、如是說：『有施有施果』。是謂布施，因受者淨，非施主也。

「阿難！云何布施，非因施主淨，亦非受者耶？施主不精進，行惡法，不見來不見果，如是見、如是說：『無施無施果。』受者亦不精進，行惡法，不見來不見果，如是見、如是說：『無施無施果。』是謂布施，非因施主淨，亦非受者。

「阿難！云何布施，因施主淨，受者亦然耶？施主精進，行妙法，見來見果，如是見、如是說：『有施有施果。』受者亦精進，行妙法，見來見果，如是見、如是說：『有施有施果。』是謂布施，因施主淨，受者亦然。」

於是世尊說此頌曰：

精進施不精進，　如法得歡喜心，
信有業及果報，　此施因施主淨。

不精進施精進，　不如法非喜心，
不信業及果報，　此施因受者淨。
懈怠施不精進，　不如法非喜心，
不信業及果報，　如是施無廣報。
精進施於精進，　如法得歡喜心，
信有業及果報，　如是施有廣報。
奴婢及貧窮，　自分施歡喜，　信業信果報，　此施善人稱。
正護善身口，　舒手以法乞，　離欲施離欲，　是財施第一。

佛說如是，尊者阿難及諸比丘聞佛所說，歡喜奉行。

瞿曇彌經第九竟千五百二十字

（一八一）中阿含心品多界經第十第四分別誦

我聞如是：一時，佛遊舍衛國，在勝林給孤獨園。

爾時尊者阿難獨安*靜處宴坐思惟，心作是念：「諸有恐怖，彼一切從愚癡生，不從智慧；諸有遭事、災患、憂慼，彼一切從愚癡生，不從智慧。」

於是尊者阿難則於晡時，從宴坐起，往詣佛所，稽首佛足，却住一面，白曰：「世尊！我今獨安*靜處宴坐思惟，心作是念：『諸有恐怖，彼一切從愚癡生，不從智慧；諸有遭事、災患、憂慼，彼一切從愚癡生，不從智慧。』」

世尊告曰：「如是，阿難！如是，阿難！諸有恐怖，彼一切從愚癡生，不從智慧；諸有遭事、災患、憂慼，彼一切從愚癡生，不從智慧。阿難！猶如從葦積、草積生火，燒樓閣堂屋。阿難！如是諸有恐怖，從愚癡生，不從智慧；諸有遭事、災患、憂慼，彼一切從愚癡生，不從智慧。阿難！昔過去時若有恐怖，彼一切亦從愚癡生，不從智慧；諸有遭事、災患、憂慼，彼一切從愚癡生，不從智慧。阿難！當來時諸有恐怖，彼一切從愚癡生，不從智慧；諸有遭事、災患、憂慼，彼一切從愚癡生，不從智慧。阿難！今現在諸有恐怖，從愚癡生，不從智慧；諸有遭事、災患、憂慼，彼一切從愚癡生，不從智慧。阿難！是為愚癡有恐怖，智慧無恐怖；愚癡有遭事、災患、憂慼，智慧無遭事、災患、憂慼。阿難！諸有恐怖、遭事、災患、憂慼，彼一切從愚癡可得，不從智慧。」

於是尊者阿難悲泣淚出，叉手向佛，白曰：「世尊！云何比丘愚癡非智慧？」

世尊答曰：「阿難！若有比丘不知界，不知處，不知因緣，不知是處、非處者，阿難！如是比丘愚癡非智慧。」

尊者阿難白曰：「世尊！如是比丘愚癡非智慧。世尊！云何比丘智慧非愚癡？」

世尊答曰：「阿難！若有比丘知界、知處、知因緣，知是處、非處者，阿難！如是比丘智慧非愚癡。」

尊者阿難白曰：「世尊！如是比丘智慧非愚癡。世尊！云何比丘知界？」

世尊答曰：「阿難！若有比丘見十八界知如真：眼界、色界、眼識界，耳界、聲界、耳識界，鼻界、香界、鼻識界，舌界、味界、舌識界，身界、觸界、身識界，意界、法界、意識界。阿難！見此十八界知如真。復次，阿難！見六界知如真：地界、水界、火界、風界、空界、識界。阿難！見此六界知如真。復次，阿難！見六界知如真：欲界、恚界、害界、無欲界、無恚界、無害界。阿難！見此六界知如真。復次，阿難！見六界知如真：樂界、苦界、喜界、憂界、捨界、無明界。阿難！見此六界知如真。復次，阿難！見四界知如真：覺界、想界、行界、識界。阿難！見此四界知如真。復次，阿難！見三界知如真：欲界、色界、無色界。阿難！見此三界知如真。復次，阿難！見三界知如真：色界、無色界、滅界。阿難！見此三界知如真。

「復次，阿難！見三界知如真：過去界、未來界、現在界。阿難！見此三界知如真。復次，阿難！見三界知如真：妙界、不妙界、中界。阿難！見此三界知如真。復次，阿難，見三界知如真：善界、不善界、無記界。阿難！見此三界知如真。復次，阿難！見三界如如真：學界、無學界、非學非無學界。阿難！見此三界知如真。復次，阿難！見二界知如真：有漏界、無漏界。阿難！見此二界知如真。復次，阿難！見二界知如真：有為界、無為界。阿難！見此二界知如真。

「阿難！見此六十二界知如真，阿難！如是比丘知界。」

尊者阿難白曰：「世尊！如是比丘知界。世尊！云何比丘知處？」

世尊答曰：「阿難！若有比丘見十二處知如真：眼處、色處，耳處、聲處，鼻處、香處，舌處、味處，身處、觸處，意處、法處。阿難！見此十二處知如真，阿難！如是比丘知處。」

尊者阿難白曰：「世尊！如是比丘知處。云何比丘知因緣？」

世尊答曰：「阿難！若有比丘見因緣及從因緣起知如真，因此有彼，無此無彼，此生彼生，此滅彼滅；謂緣無明有行乃至緣生有老死，若無明滅則行滅乃至生滅則老死滅。阿難！如是比丘知因緣。」

尊者阿難白曰：「世尊！如是比丘知因緣。云何比丘知是處、非處？」

世尊答曰：「阿難！若有比丘見處是處知如真，見非處是非處知如真。阿難！*若世中有二轉輪王並治者，終無是處；若世中有一轉輪王治者，必有是處。阿難！若世中有二如來者，終無是處；若世中有一如來者，必有是處。阿難！若*見諦☆人故害父母，殺阿羅訶，破壞聖衆，惡心向佛，出如來血者，終無是處；若凡夫人故害父母，殺阿羅訶，破壞聖衆，惡心向佛，出如來血者，必有是處。阿難！若見諦人故犯戒，捨戒罷道者，終無是處；若凡夫人故犯戒，捨戒罷道者，必有是處。若見諦人捨離此內，從外求尊、求福田者，終無是處；若凡夫人捨離此內，從外求尊、求福田者，必有是處。

「阿難！若見諦人從餘沙門、梵志作是說：諸尊！可見則見，可知則知者，終無是處；若凡夫人從餘沙門、梵志作是說：諸尊！可見則見，可知則知者，必有是處。阿難！若見諦人信卜問吉凶者，終無是處；若凡夫人信卜問吉凶者，必有是處。阿難！若見諦人從餘沙門、梵志卜問吉凶相應，見有苦有煩，見是真者，終無是處；若凡夫人從餘沙門、梵志卜問吉凶相應，見有苦有煩，見是真者，必有是處。

「阿難！若見諦人生極苦甚重苦，不可愛、不可樂、不可思、不可念乃至斷命，捨離此內，更從外求，或有沙門、梵志，或持一句呪，二句、三句、四句、多句、百千句呪，令脫我苦，是求苦、習苦、趣苦、苦盡者，終無是處；若凡夫人捨離此內，更從外求，或有沙門、梵志持一句呪，二句、三句、四句、多句、百千句呪，令脫我苦，是求苦、習苦、趣苦、苦盡者，必有是處。阿難！若見諦人受八有者，終無是處；若凡夫人受八有者，必有是處。

「阿難！若身惡行，口、意惡行，因此緣此，身壞命終，趣至善處，生於天中者，終無是處；若身惡行，口、意惡行，因此緣此，身壞命終，趣至惡處，生地獄中者，必有是處。阿難！若身妙行，口、意妙行，因此緣此，身壞命終，趣至惡處，生地獄中者，終無是處；若身妙行，口、意妙行，因此緣此，身壞命終，趣至善處，生天中者，必有是處。阿難！若身惡行，口、意惡行，受樂報者，終無是處；阿難！若身惡行，口、意惡行，受苦報者，必有是處；阿難！若身妙行，口、意妙行，受苦報者，終無是處；若身妙行，口、意妙行，受樂報者，必有是處。

「阿難！若不斷五蓋、心穢、慧羸，心正立四念處者，終無是處；若斷五蓋、心穢、慧羸，心正立四念處者，必有是處。阿難！若不斷五蓋、心穢、慧羸，心不正立四念處，欲修七覺意者，終無是處；若斷五蓋、心穢、慧羸，心正立四念處，修七覺意者，必有是處。阿難！若不斷五蓋、心穢、慧羸，心不正立四念處，不修七覺意，欲得無上正盡覺者，終無是處；若斷五蓋、心穢、慧羸，心正立四念處，修七覺意，得無上正盡覺者，必有是處。阿難！若不斷五蓋、心穢、慧羸，心不正立四念處，不修七覺意，[1]得無上正盡覺，盡苦邊者，終無是處；若斷五蓋、心穢、慧羸，心正立四念處，修七覺意，得無上正盡覺，盡苦邊者，必有是處。阿難！如是比丘知是處、非處。」

尊者阿難白曰：「世尊！如是比丘知是處、非處。」

於是尊者阿難叉手向佛，白曰：「世尊！此經名何？云何奉持？」

世尊告曰：「阿難！當受持此多界、法界、甘露界、多鼓、法鼓、甘露鼓、法鏡、四品，是故稱此經名曰多界。」

佛說如是，尊者阿難及諸比丘聞佛所說，歡喜奉行。

多界經第十竟二千二百三十六字

中阿含經卷第四十七八千三百三十字

中阿含心品第三竟二萬一千二十二字　**第四分別誦**

中阿含經卷第四十八

東晉罽賓三藏瞿曇僧伽提婆譯

雙品第四 有五經雙品本有十經分後五經屬第五誦故曰雙品 第四分別誦

馬邑及馬邑，牛角娑羅林，
牛角娑羅林，求解最在後。

(一八二)中阿含雙品馬邑經第一

我聞如是：一時，佛遊鴦騎國，與大比丘衆俱，往至馬邑，住馬林寺及比丘衆。

爾時世尊告諸比丘：「人見汝等沙門是沙門。人問汝等沙門，汝自稱沙門耶？」

諸比丘白曰：「爾也，世尊！」

佛復告曰：「是以汝等以此要，以此沙門，當學如沙門法及如梵志法。學如沙門法及如梵志法已，要是真諦沙門、不虛沙門，若受衣被、飲食、床榻、湯藥及若干種諸生活具者，彼所供給，得大福，得大果，得大功德，得大廣報。汝等當學如是。

「云何如沙門法及如梵志法？身行清淨，仰向發露，善護無缺。

因此清淨，不自學，不下他，無穢無濁，為諸智梵行者所共稱譽。若汝作是念：『我身行清淨，我所作已辦，不復更學；已成德義，無復上作。』比丘！我為汝說，莫令求沙門義失沙門義。若欲求上學者，比丘！若身清淨，當復作何等？當學口行清淨，仰向發露，善護無缺。因此口行清淨，不自學，不下他，無穢無濁，為諸智梵行者所共稱譽。

「若汝等作是念：『我身、口行清淨，我所作已辦，不復更學；已成德義，無復上作。』比丘！我為汝說，莫令求沙門義失沙門義。若欲求上學者，比丘！若身、口清淨，當復作何等？當學意行清淨，仰向發露，善護無缺。因此意行清淨，不自學，不下他，無穢無濁，為諸智梵行者所共稱譽。

「若汝等作是念：『我身、口、意行清淨，我所作已辦，不復更學，已成德義，無復上作。』比丘！我為汝說，莫令求沙門義失沙門義。若欲求上學者，比丘！若身、口、意行清淨，當復作何等？當學命行清淨，仰向發露，善護無缺。因此命行清淨，不自擧，不下他，無穢無濁，為諸智梵行者所共稱譽。

「若汝等作是念：『我身、口、意、命行清淨，我所作已辦，不復更學，已成德義，無復上作。』比丘！我為汝說，莫令求沙門義失沙門義。若欲求上學者，比丘！身、口、意、命行清淨，當復作何等？比丘！當學守護諸根，常念閉塞，念欲明達，守護念心而得成就。

恒欲起意：若眼見色，然不受相，亦不味色，謂忿諍故，守護眼根。心中不生貪伺、憂慼、惡不善法，趣向彼故，守護眼根。如是耳、鼻、舌、身，若意知法，然不受相，亦不味法，謂忿諍故，守護意根。心中不生貪伺、憂慼、惡不善法，趣向彼故，守護意根。

「若汝等作是念：『我身、口、意、命行清淨，守護諸根。我所作已辦，不復更學；已成德義，無復上作。』比丘！我為汝說，莫令求沙門義失沙門義。若欲求上學者，比丘！身、口、意、命行清淨，守護諸根，當復作何等？比丘！當學正知出入，善觀分別，屈伸低仰儀容庠序，善著僧伽梨及諸衣鉢，行住坐臥、眠寤語默皆正知之。

「若汝等作是念：『我身、口、意、命行清淨，守護諸根，正知出入，我所作已辦，不復更學，已成德義，無復上作。』比丘！我為汝說，莫令求沙門義失沙門義。若欲求上學者，比丘！身、口、意、命行清淨，守護諸根，正知出入，當復作何等？比丘！當學獨住遠離，在無事處，或至樹下空安*靜處，山巖石室，露地穰積，或至林中，或在塚間。彼已在無事處，或至樹下空安*靜處，敷尼師壇，結跏趺坐，正身正願，反念不向，斷除貪伺，心無有諍。見他財物、諸生活具，不起貪伺，欲令我得，彼於貪伺淨除其心。

「如是瞋恚、睡眠、掉悔，斷疑度惑，於諸善法無有猶豫，彼於疑惑淨除其心。彼斷此五蓋、心穢、慧羸，離欲、離惡不善之法，至得第四禪成就遊。彼已得如是定心清淨，無穢無煩，柔軟善住，得不動心，趣向漏盡智通作證。彼便知此苦如真，知此苦習、知此苦滅、知此苦滅道如真；亦知此漏如真，知此漏習、知此漏滅、知此漏滅道如真。彼如是知、如是見已，則欲漏心解脫，有漏、無明漏心解脫，解脫已，便知解脫：生已盡，梵行已立，所作已辦，不更受有，知如真。是說沙門，說梵志，說聖，說淨浴。

「云何沙門？謂息止諸惡不善之法、諸漏穢汙、為當來有本、煩熱苦報、生老病死因，是謂沙門。云何梵志？謂遠離諸惡不善之法、諸漏穢汙、為當來有本、煩熱苦報、生老病死因，是謂梵志。云何為聖？謂遠離諸惡不善之法、諸漏穢汙、為當來有本、煩熱苦報、生老病死因，是謂為聖。云何淨浴？謂淨浴諸惡不善之法、諸漏穢汙、為當來有本、煩熱苦報、生老病死因，是謂淨浴。是謂沙門，是謂梵志，是謂為聖，是謂淨浴。」

佛說如是，彼諸比丘聞佛所說，歡喜奉行。

馬邑經第一竟千三百四十七字

(一八三)中阿含雙品馬邑經第二第四分別誦

我聞如是：一時，佛遊鴦騎國，與大比丘眾俱，往至馬邑，住馬林寺及比丘眾。

爾時世尊告諸比丘：「人見汝等沙門是沙門，人問汝等沙門，汝自稱沙門耶？」

諸比丘白曰：「爾也，世尊！」

佛復告曰：「是以汝等以此要，以此沙門，當學沙門道跡，莫非沙門。學沙門道跡已，要是真諦沙門、不虛沙門，若受衣被、飲食、床榻、湯藥及若干種諸生活具者，彼所供給，得大福，得大果，得大功德，得大廣報。汝等當學如是。

「云何非沙門道跡，非沙門？若有貪伺不息貪伺，有恚不息恚，有瞋不息瞋，有不語不息不語，有結不息結，有慳不息慳，有嫉不息嫉，有諛諂不息諛諂，有欺誑不息欺誑，有無慙不息無慙，有無愧不息無愧，有惡欲不息惡欲，有邪見不息邪見；此沙門垢、沙門諛諂、沙門詐偽、沙門曲，趣至惡處未盡已，學非沙門道跡，非沙門。

「猶如鈹斧，新作極利，有頭有刃，僧伽梨所裹。我說彼癡學沙門道，亦復如是，謂有貪伺不息貪伺，有恚不息恚，有瞋不息瞋，有不語不息不語，有結不息結，有慳不息慳，有嫉不息嫉，有諛諂不息諛諂，有無慚不息無慚，有無愧不息無愧，有惡欲不息惡欲，有邪見不息邪見，持僧伽梨，我不說是沙門。若持僧伽梨者，有貪伺息貪伺，有恚息恚，有瞋息瞋，有不語息不語，有結息結，有慳息慳，有嫉息嫉，有諛諂息諛諂，有無慚息無慚，有無愧息無愧，有惡欲息惡欲，有邪見息邪見者，彼諸親親朋友往詣而作是說：『賢人！汝當學持僧伽梨。賢！汝學持僧伽梨，有貪伺息貪伺，有恚息恚，有瞋息瞋，有不語息不語，有結息結，有慳息慳，有嫉息嫉，有諛諂息諛諂，有無慙息無慙，有無愧息無愧，有惡欲息惡欲，有邪見息邪見。』若以我見持僧伽梨，有貪伺、恚、瞋、不語、結、慳、嫉、諛諂、無慙、無愧、惡欲、邪見，是以我持僧伽梨，我說非是沙門。

「如是無衣、編髮、不坐、一食、常揚水、持水，持水者，我說非是沙門。若持水，有貪伺息貪伺，有恚息恚，有瞋息瞋，有不語息不語，有結息結，有慳息慳，有嫉息嫉，有諛諂息諛諂，有無慙息無慙，有無愧息無愧，有惡欲息惡欲，有邪見息邪見，彼諸親親朋友往詣而作是說：『賢！汝當持水。持水已，有貪伺息貪伺，有恚息恚，有瞋息瞋，有不語息不語，有結息結，有慳息慳，有嫉息嫉，有諛諂息諛諂，有無慙息無慙，有無愧息無愧，有惡欲息惡欲，有邪見息邪見。』若以我見持水，貪伺、恚、瞋、不語、結、慳、嫉、諛諂、無慚、無愧、有惡欲、有邪見，是以持水者，我說不是沙門。是謂非沙門道跡，非是沙門。

「云何沙門道跡，非不沙門？若有貪伺息貪伺，有恚息恚，有瞋息瞋，有不語息不語，有結息結，有慳息慳，有嫉息嫉，有諛諂息諛諂，有無慚息無慚，有無愧息無愧，有惡欲息惡欲，有邪見息邪見；此沙門嫉、沙門諛諂、沙門詐偽、沙門曲，趣至惡處盡已，學沙門道跡，非不沙門。是謂沙門道跡，非不沙門。

「彼如是成就戒，身清淨，口、意清淨，無有貪伺，心中無恚，無有睡眠，無掉、憍慠，斷疑度惑，正念正智，無有愚癡。彼心與慈俱，遍滿一方成就遊。如是二三四方、四維上下，普周一切，心與慈俱，無結無怨，無恚無諍，極廣甚大，無量善修，遍滿一切世間成就遊。如是悲、喜，心與捨俱，無結無怨，無恚無諍，極廣甚大，無量善修，遍滿一切世間成就遊。彼作是念：有麤、有妙、有想，來上出要，知如真。彼如是知、如是見已，則欲漏心解脫，有漏、無明漏心解脫，解脫已，便知解脫：生已盡，梵行已立，所作已辦，不更受有，知如真。

「猶去村不遠，有好浴池，清泉流盈，翠草被岸，花樹四周。或於東方有一人來，飢渴疲極，脫衣岸上，入池快浴，去垢除熱，亦除渴乏。如是南方、西方、北方有一人來，飢渴疲極，脫衣岸上，入池快浴，去垢除熱，亦除渴乏。如是刹利族姓子，剃除鬚髮，著袈裟衣，至信捨家無家學道，內行止，令得內止。內止者，我說沙門，說梵志，說聖，說淨浴。如是梵志、居士、工師族姓子，剃除鬚髮，著袈裟衣，至信捨家無家學道，內行止，令得內止。內止者，我說沙門，說梵志，說聖，說淨浴。

「云何沙門？謂息止諸惡不善之法、諸漏穢污、為當來有本、煩熱苦報、生老病死因，是謂沙門。云何梵志？謂遠離諸惡不善之法、諸漏穢污、為當來有本、煩熱苦報、生老病死因，是謂梵志。云何為聖？謂遠離諸惡不善之法、諸漏穢污、為當來有本、煩熱苦報、生老病死因，是謂為聖。云何淨浴？謂淨浴諸惡不善之法、諸漏穢污、為當來有本、煩熱苦報、生老病死因，是謂淨浴。是謂沙門，是謂梵志，是謂為聖，是謂淨浴。」

佛說如是，彼諸比丘聞佛所說，歡喜奉行

馬邑經第二竟千四百六十字

(一八四)中阿含雙品牛角娑羅林經第三第四分別誦

我聞如是：一時，佛遊跋耆瘦，在牛角娑羅林。及諸多知識上尊比丘、大弟子等，尊者舍梨子、尊者大目揵連、尊者大迦葉、尊者大迦旃延、尊者阿那律陀、尊者離越哆、尊者阿難，如是比丘多知識上尊比丘、大弟子等，亦遊跋耆瘦，在牛角娑羅林，並共近佛葉屋邊住。

於是尊者大目揵連、尊者大迦葉、尊者大迦旃延、尊者阿那律陀，過夜平旦，往詣尊者舍梨子所。尊者阿難遙見彼諸尊往已，白曰：「賢者離越哆！當知此尊者大目揵連、尊者大迦葉、尊者大迦旃延、尊者阿那律陀，過夜平旦，往詣尊者舍梨子所。賢者離越哆！今可共彼諸尊往詣尊者舍梨子所，儻能因彼從尊者舍梨子少多聞法。」

於是尊者大目揵連、尊者大迦葉、尊者大迦旃延、尊者阿那律陀、尊者離越哆、尊者阿難，過夜平旦，往詣尊者舍梨子所。

尊者舍梨子遙見彼諸尊來已，尊者舍梨子因彼諸尊故說：「善來，賢者阿難！善來，阿難！善來，阿難！世尊侍者解世尊意，常為世尊之所稱譽，及諸智梵行人。我今問賢者阿難，此牛角娑羅林甚可愛樂，夜有明月，諸娑羅樹皆敷妙香，猶若天花。賢者阿難！何等比丘起發牛角娑羅林？」

尊者阿難答曰：「尊者舍梨子！若有比丘廣學多聞，守持不忘，積聚博聞，所謂法者，初妙、中妙、竟亦妙，有義有文，具足清淨，顯現梵行；如是諸法廣學多聞，翫習至千，意所惟觀，明見深達。彼所說法簡要捷疾，與正相應，欲斷諸結。尊者舍梨子！如是比丘起發牛角娑羅林。」

尊者舍梨子復問曰：「賢者離越哆！賢者阿難比丘已說隨所知，我今復問賢者離越哆，此牛角娑羅林甚可愛樂，夜有明月，諸娑羅樹皆敷妙香，猶若天花。賢者離越哆！何等比丘起發牛角娑羅林？」

尊者離越哆答曰：「尊者舍梨子！若有比丘樂於燕坐，內行止，不廢坐禪，成就於觀，常好閑居，憙安*靜處。尊者舍梨子！如是比丘起發牛角娑羅林。」

尊者舍梨子復問曰：「賢者阿那律陀！賢者離越哆比丘已說隨所知，我今復問賢者阿那律陀，此牛角娑羅林甚可愛樂，夜有明月，諸娑羅樹皆敷妙香，猶若天華。賢者阿那律陀！何等比丘起發牛角娑羅林？」

尊者阿那律陀答曰：「尊者舍梨子！若有比丘逮得天眼，成就天眼，於千世界彼少方便須臾盡見。尊者舍梨子！猶有目人住高樓上，於下露地有千土*塹，彼少方便須臾盡見。尊者舍梨子！如是，若有比丘逮得天眼，成就天眼，於千世界彼少方便須臾盡見。尊者舍梨子！如是比丘起發牛角娑羅林。」

尊者舍梨子復問曰：「賢者迦旃延！賢者阿那律陀比丘已說隨所知，我今復問賢者迦旃延，此牛角娑羅林甚可愛樂，夜有明月，諸娑羅樹皆敷妙香，猶若天花。賢者迦旃延！何等比丘起發牛角娑羅林？」

尊者大迦旃延答曰：「尊者舍梨子！猶二比丘法師共論甚深阿毘曇，彼所問事，善解悉知，答亦無礙，說法辯捷。尊者舍梨子！如是比丘起發牛角娑羅林。」

尊者舍梨子復問曰：「尊者大迦葉！賢者迦旃延比丘已說隨所知，我今復問尊者大迦葉，此牛角娑羅林甚可愛樂，夜有明月，諸娑羅樹皆敷妙香，猶若天華。尊者大迦葉！何等比丘起發牛角娑羅林？」

尊者大迦葉答曰：「賢者舍梨子！若有比丘，自無事，稱說無事；自有少欲，稱說少欲；自有知足，稱說知足；自樂在遠離獨住，稱說樂在遠離獨住；自修行精勤，稱說修行精勤；自立正念正智，稱說立正念正智；自得定，稱說得定；自有智慧，稱說智慧；自諸漏已盡，稱說諸漏已盡；自勸發渴仰成就歡喜，稱說勸發渴仰成就歡喜。賢者舍梨子！如是比丘起發牛角娑羅林。」

尊者舍梨子復問曰：「賢者目揵連！尊者大迦葉已說隨所知，我今復問賢者目揵連，此牛角娑羅林甚可愛樂，夜有明月，諸娑羅樹皆敷妙香，猶若天華。賢者目⊙揵連！何等比丘起發牛角娑羅林？」

尊者大目揵連答曰：「尊者舍梨子！若有比丘，有大如意足，有大威德，有大福祐，有大威神，自在無量如意足。彼行無量如意足，變一為衆，合衆為一，一則住一，有知有見；徹過石壁，如空無礙；出入於地，猶若如水；履水如地，而不陷沒；上昇虛空，結跏趺坐，猶若如鳥。今此日月，有大如意足，有大威德，有大福祐，有大威神；以手捫摸，身至梵天。尊者舍梨子！如是比丘起發牛角娑羅林。」

尊者大目揵連問曰：「尊者舍梨子！我及諸尊已各自說隨其所知，我今問尊者舍梨子，此牛角娑羅林甚可愛樂，夜有明月，諸娑羅樹皆敷妙香，猶若天華。尊者舍梨子！何等比丘起發牛角娑羅林？」

尊者舍梨子答曰：「賢者目揵連！若有比丘隨用心自在而不隨心

，彼若欲得隨所住止中前遊行，即彼住止中前遊行；彼若欲得隨所住止日中、晡時遊行，即彼住止日中、晡時遊行。賢者目揵連！猶王、王臣衣服甚多，有若干種雜妙色衣，彼若欲得中前著者即取著之，彼若欲得日中、晡時著者即取著之。賢者目揵連！如是，若有比丘隨用心自在而不隨心，彼若欲得隨所住止中前遊行，即彼住止中前遊行；彼若欲得隨所住止日中、晡時遊行，即彼住止日中、晡時遊行。賢者目揵連！如是比丘起發牛角娑羅林。」

尊者舍梨子告曰：「賢者目揵連！我及諸賢已各自說隨其所知。賢者目揵連！我等寧可共彼諸賢往詣佛所，向論此事，於中知誰最為善說？」

於是尊者舍梨子、尊者大目揵連、尊者大迦葉、尊者大迦旃延、尊者阿那律陀、尊者離越哆、尊者阿難，往詣佛所。諸尊者等稽首佛足，却坐一面；尊者阿難亦稽首佛足，却住一面。

尊者舍梨子白曰：「世尊！今日賢者大目揵連、尊者大迦葉、賢者迦旃延、賢者阿那律陀、賢者離越哆、賢者阿難，過夜平旦，來詣我所。我遙見彼諸賢來已，因彼諸賢故說：『善來，賢者阿難！善來，阿難！善來，阿難！世尊侍者解世尊意，常為世尊之所稱譽，及諸智梵行。我今問賢者阿難，此牛角娑羅林甚可愛樂，夜有明月，諸娑羅樹皆敷妙香，猶若天華。賢者阿難！何等比丘起發牛角娑羅林？』賢者阿難即答我曰：『尊者舍梨子！若有比丘廣學多聞，守持不忘，積聚博聞，所謂法者，初妙、中妙、竟亦妙，有義有文，具足清淨，顯現梵行；如是諸法廣學多聞，翫習至千，意所惟觀，明見深達。彼所說法簡要捷疾，與正相應，欲斷諸結。尊者舍梨子！如是比丘起發牛角娑羅林。』」

世尊歎曰：「善哉！善哉！舍梨子！實如阿難比丘所說。所以者何？阿難比丘成就多聞。」

尊者舍梨子白曰：「世尊！賢者阿難如是說已，我復問曰：『賢者離越哆！賢者阿難比丘已說隨所知，我今復問賢者離越哆，此牛角娑羅林甚可愛樂，夜有明月，諸娑羅樹皆敷妙香，猶若天華。賢者離越哆！何等比丘起發牛角娑羅林？』賢者離越哆即答我曰：『尊者舍梨子！若有比丘樂於燕坐，內行止，不廢坐禪，成就於觀，常好閑居，憙安*靜處。尊者舍梨子！如是比丘起發牛角娑羅林。』」

世尊歎曰：「善哉！善哉！舍梨子！如離越哆比丘所說。所以者何？離越哆比丘常樂坐禪。」

尊者舍梨子白曰：「世尊！賢者離越哆如是說已，我復問曰：『賢者阿那律陀！賢者離越哆比丘已說隨所知，我今復問賢者阿那律陀，此牛角娑羅林甚可愛樂，夜有明月，諸娑羅樹皆敷妙香，猶若天華。賢者阿那律陀！何等比丘起發牛角娑羅林？』賢者阿那律陀即答我曰：『尊者舍梨子！若有比丘逮得天眼，成就天眼，於千世界彼少方便須臾盡見。尊者舍梨子！猶有目人住高樓上，於下露地有千土*塹，彼少有方便須臾盡見。尊者舍梨子！如是，若有比丘逮得天眼，成就天眼，於千世界微少方便須臾盡見。尊者舍梨子！如是比丘起發牛角娑羅林。』」

世尊歎曰：「善哉！善哉！舍梨子！如阿那律陀比丘所說。所以者何？阿那律陀比丘成就天眼。」

尊者舍梨子白曰：「世尊！賢者阿那律陀如是說已，我復問曰：『賢者迦旃延！賢者阿那律陀比丘已說隨所知，我今復問賢者迦旃延，此牛角娑羅林甚可愛樂，夜有明月，諸娑羅樹皆敷妙香，猶若天華。賢者迦旃延！何等比丘起發牛角娑羅林？』賢者迦旃延即答我曰：『尊者舍梨子！猶二比丘法師共論甚深阿毘曇，彼所問事，善解悉知，答亦無礙，說法辯捷。尊者舍梨子！如是比丘起發牛角娑羅林。』」

世尊歎曰：「善哉！善哉！舍梨子！如迦旃延比丘所說。所以者何？迦旃延比丘分別法師。」

尊者舍梨子白曰：「世尊！賢者迦旃延如是說已，我復問曰：『尊者大迦葉！賢者迦旃延比丘已說隨所知，我今復問尊者大迦葉，此牛角娑羅林甚可愛樂，夜有明月，諸娑羅樹皆敷妙香，猶若天華。尊者大迦葉！何等比丘起發牛角娑羅林？』尊者大迦葉即答我曰：『賢者舍梨子！若有比丘，自無事，稱說無事；自有少欲，稱說少欲；自有知足，稱說知足；自樂在遠離獨住，稱說樂在遠離獨住；自修行精勤，稱說修行精勤；自立正念正智，稱說立正念正智；自得定，稱說得定，自有智慧，稱說知慧；自諸漏已盡，稱說諸漏已盡；自勸發渴仰成就歡喜，稱說勸發渴仰成就歡喜。賢者舍梨子！如是比丘起發牛角娑羅林。』」

世尊歎曰：「善哉！善哉！舍梨子！如迦葉比丘所說。所以者何？迦葉比丘常行無事。」

尊者舍梨子白曰：「世尊！尊者大迦葉如是說已，我復問曰：『賢者目揵連！尊者大迦葉已說隨所知，我今復問賢者目揵連，此牛角娑羅林甚可愛樂，夜有明月，諸娑羅樹皆敷妙香，猶若天華。賢者目揵連！何等比丘起發牛角娑羅林？』賢者大目揵連即答我曰：『尊者舍梨子！若有比丘，有大如意足，有大威德，有大福祐，有大威神，自在無量如意足。彼行無量如意足，變一為眾，合眾為一，一則住一，有知有見；徹過石壁，如空無礙；出入於地，猶若如水；履水如地，而不陷沒；上昇虛空，結跏趺坐，猶若如鳥。今此日月，有大如意足，有大威德，有大福祐，有大威神；以手捫摸，身至梵天。尊者舍梨子！如是比丘起發牛角娑羅林。』」

世尊歎曰：「善哉！善哉！舍梨子！如目揵連比丘所說。所以者何？目揵連比丘有大如意足。」

於是尊者大目揵連即從坐起，偏袒著衣，叉手向佛，白曰：「世尊！我及諸尊如是說已，便白尊者舍梨子曰：『尊者舍梨子！我及諸尊已各自說隨其所知，我今問尊者舍梨子，此牛角娑羅林甚可愛樂，夜有明月，諸娑羅樹皆敷妙香，猶若天華。尊者舍梨子！何等比丘起發牛角娑羅林？』尊者舍梨子即答我曰：『賢者目揵連！若有比丘隨用心自在而不隨心，彼若欲得隨所住止中前遊行，即彼住止中前遊行；彼若欲得隨所住止日中、晡時遊行，即彼住止日中、晡時遊行。賢者目揵連！猶王、王臣衣服甚多，有若干種雜妙色衣，彼若欲得中前著者即取著之，彼若欲得日中、晡時著者即取著之。賢者目揵連！如是，若有比丘隨用心自在而不隨心，彼若欲得隨所住止中前遊行，即彼住止中前遊行；彼若欲得隨所住止日中、晡時遊行，即彼住止日中、晡時遊行。賢者目揵連！如是比丘起發牛角娑羅林。』」

世尊歎曰：「善哉！善哉！目揵連！如舍梨子比丘所說。所以者何？舍梨子比丘隨用心自在。」

於是尊者舍梨子即從坐起，偏袒著衣，叉手向佛，白曰：「世尊！我及諸賢如是說已，告曰：『賢者目揵連！我及諸賢已各自說隨其所知。賢者目揵連！我等寧可共彼諸賢往詣佛所，向論此事，於中知誰最為善說？』世尊！我等誰為善說耶？」

世尊答曰：「舍梨子！一切悉善。所以者何？此諸法者，盡我所說。舍梨子！聽我所說，如是比丘起發牛角娑羅林。舍梨子！若有比丘隨所依住城郭村邑，彼過夜平旦，著衣持鉢，入村乞食，善守護身，善斂諸根，善立其念。彼乞食已，過日中後，收舉衣鉢，澡洗手足，以尼師壇著於肩上，或至無事處，或至樹下，或至空安靖處，敷尼師壇，結跏趺坐；不解結跏趺坐乃至漏盡，彼便不解結跏趺坐乃至漏盡。舍梨子！如是比丘起發牛角娑羅林。」

佛說如是，彼諸比丘聞佛所說，歡喜奉行。

牛角娑羅林經第三竟三千七百八十五字

（一八五）中阿含雙品牛角娑羅林經第四第四分別誦

我聞如是：一時，佛遊那摩提瘦，在揵祁精舍。

爾時世尊過夜平旦，著衣持鉢，入那摩提而行乞食。食訖中後，往詣牛角娑羅林。

爾時牛角娑羅林有三族姓子共在中住：尊者阿那律陀、尊者難提、尊者金毘羅，彼尊者等所行如是：若彼乞食有前還者，便敷床汲水，出洗足器，安洗足橙及拭脚巾、水瓶、澡罐。若所乞食能盡食者，便盡食之；若有餘者，器盛覆舉。食訖收鉢，澡洗手足，以尼師壇著於肩上，入室燕坐。若彼乞食有後還者，能盡食者亦盡食之。若不足者，取前餘食，足而食之。若有餘者，便瀉著淨地及無蟲水中。取彼食器，淨洗拭已，舉著一面，收卷床席，拾洗足橙，收拭脚巾，舉洗足器及水瓶、澡罐，掃灑食堂，糞除淨已，收舉衣鉢，澡洗手足，以尼師壇著於肩上，入室燕坐。彼尊者等至於晡時，若有先從燕坐起者，見水瓶澡罐空無有水，便持行取。若能勝者，便舉持來，安著一面。若不能勝，則便以手招一比丘，兩人共舉，持著一面，各不相語，各不相問。彼尊者等五日一集，或共說法，或聖默然。

於是守林人遙見世尊來，逆呵止曰：「沙門！沙門！莫入此林！所以者何？今此林中有三族姓子：尊者阿那律陀、尊者難提、尊者金毘羅，彼若見汝或有不可。」

世尊告曰：「汝守林人！彼若見我，必可，無不可。」

於是尊者阿那律陀遙見世尊來，即呵彼曰：「汝守林人！莫呵世尊！汝守林人！莫呵善逝！所以者何？是我尊來，我善逝來。」

尊者阿那律陀出迎世尊，攝佛衣鉢。尊者難提為佛敷牀，尊者金毘羅為佛取水。

爾時世尊洗手足已，坐彼尊者所敷之座，坐已，問曰：「阿那律陀！汝常安隱，無所乏耶？」

尊者阿那律陀白曰：「世尊！我常安隱，無有所乏。」

世尊復問：「阿那律陀！云何安隱，無所乏耶？」

尊者阿那律陀白曰：「世尊！我作是念：『我有善利、有大功德，謂我與如是梵行共行。』世尊！我常向彼梵行行慈身業，見與不見，等無有異；行慈口業，行慈意業，見與不見，等無有異。世尊！我作是念：『我今寧可自捨己心，隨彼諸賢心。』我便自捨己心，隨彼諸賢心，我未曾有一不可心。世尊！如是我常安隱，無有所乏。」

問尊者難提，答亦如是。

復問尊者金毘羅曰：「汝常安隱，無所乏耶？」

尊者金毘羅白曰：「世尊！我常安隱，無有所乏？」

問曰：「金毘羅！云何安隱，無所乏耶？」

尊者金毘羅白曰：「世尊！我作是念：『我有善利、有大功德，謂我與如是梵行共行。』世尊！我常向彼梵行行慈身業，見與不見，等無有異；行慈口業，行慈意業，見與不見，等無有異。世尊！我作是念：『我今寧可自捨己心，隨彼諸賢心。』我便自捨己心，隨彼諸賢心，我未曾有一不可心。世尊！如是我常安隱，無有所乏。」

世尊歎曰：「善哉！善哉！阿那律陀！如是汝等常共和合，安隱無諍，一心一師，合一水乳，頗得人上之法，而有差降安樂住止耶？」

尊者阿那律陀白曰：「世尊！如是我等常共和合，安隱無諍，一心一師，合一水乳，得人上之法，而有差降安樂住止。世尊！我等離欲、離惡不善之法，至得第四禪成就遊。世尊！如是我等常共和合，安隱無諍，一心一師，合一水乳，得此人上之法，而有差降安樂住止。」

世尊歎曰：「善哉！善哉！阿那律陀！捨此住止，過此度此，頗更有餘得人上之法，而有差降安樂住止耶？」

尊者阿那律陀白曰：「世尊！捨此住止，過此度此，更復有餘得人上之法，而有差降安樂住止。世尊！我心與慈俱，遍滿一方成就遊。如是二三四方、四維上下，普周一切，心與慈俱，無結無怨，無恚無諍，極廣甚大，無量善修，遍滿一切世間成就遊。如是悲、喜，心與捨俱，無結無怨，無恚無諍，極廣甚大，無量善修，遍滿一切世間成就遊。世尊！捨此住止，過此度此，謂更有此餘得人上之法，而有差降安樂住止。」

世尊歎曰：「善哉！善哉！阿那律陀！捨此住止，過此度此，頗更有餘得人上之法，而有差降安樂住止耶？」

尊者阿那律陀白曰：「世尊！捨此住止，過此度此，更復有餘得人上之法，而有差降安樂住止。世尊！我等度一切色想，至得非有想非無想處成就遊。世尊！捨此住止，過此度此，謂更有此餘得人上之法，而有差降安樂住止。」

世尊歎曰：「善哉！善哉！阿那律陀！捨此住止，過此度此，頗更有餘得人上之法，而有差降安樂住止耶？」

尊者阿那律陀白曰：「世尊！捨此住止，過此度此，更復有餘得人上之法，而有差降安樂住止。世尊！我等得如意足、天耳智、他心智、宿命智、生死智，諸漏已盡，得無漏心解脫、慧解脫，於現法中自知自覺，自作證成就遊：生已盡，梵行已立，所作已辦，不更受有，知如真。世尊！捨此住止，過此度此，謂更有此餘得人上之法，而有差降安樂住止。」

世尊歎曰：「善哉！善哉！阿那律陀！捨此住止，過此度此，頗更有餘得人上之法，而有差降安樂住止耶？」

尊者阿那律陀白曰：「世尊！捨此住止，過此度此，更無有餘得人上之法，而有差降安樂住止。」

於是世尊便作是念：「此族姓子之所遊行，安隱快樂，我今寧可為彼說法。」世尊作是念已，即為尊者阿那律陀、尊者難提、尊者金毘羅說法，勸發渴仰，成就歡喜。無量方便為彼說法，勸發渴仰，成就歡喜已，從坐起去。於是尊者阿那律陀、難提、金毘羅送世尊，隨其近遠，便還所住。

尊者難提、尊者金毘羅歎尊者阿那律陀曰：「善哉！善哉！尊者阿那律陀！我等初不聞尊者阿那律陀說如是義：我等如是有大如意足、有大威德、有大福祐、有大威神。然尊者阿那律陀盡向世尊極稱譽我等。」

尊者阿那律陀歎尊者難提、金毘羅曰：「善哉！善哉！尊者！我亦初未曾從諸賢等聞：尊者如是有大如意足、有大威德、有大福祐、有大威神。然我長夜以心知尊者心，尊者有大如意足、有大威德、有大福祐、有大威神，是故我向世尊如是如是說。」

於是長鬼天形體極妙，光明巍巍，夜將向旦，往詣佛所，稽首佛足，却住一面，白世尊曰：「大仙人！諸跋耆人得大善利，謂現有世尊及三族姓子：尊者阿那律陀、尊者難提、尊者金毘羅。」

地神從長鬼天聞所說，放高大音聲：「大仙人！諸跋耆人得大善利，謂現有世尊及三族姓子：尊者阿那律陀、難提、金毘羅。」

從地神聞聲，虛空天、四王天、三十三天、燄摩天、兜率哆天、化樂天、他化樂天，須臾聲徹至于梵天：「大仙人！諸跋耆人得大善利，謂現有世尊及三族姓子：尊者阿那律陀、難提、金毘羅。」

世尊告曰：「如是！如是！長鬼天！諸跋耆人得大善利，謂現有世尊及三族姓子：尊者阿那律陀、難提、金毘羅。長鬼天！地神聞汝聲已，便放高大音聲：『大仙人！諸跋耆人得大善利，謂現有世尊及三族姓子：尊者阿那律陀、難提、金毘羅。』從地神聞聲，虛空天、四天王天、三十三天、燄摩天、兜率哆天、化樂天、他化樂天，須臾聲徹至于梵天：『大仙人！諸跋耆人得大善利，謂現有世尊及三族姓子：尊者阿那律陀、難提、金毘羅。』長鬼天！若彼三族家，此三族姓子剃除鬚髮，著袈裟衣，至信捨家無家學道；彼三族家憶此三族姓子所因、所行者，彼亦長夜得大善利，安隱快樂。若彼村邑及天、魔、梵、沙門、梵、梵志，從人至天，憶此三族姓子所因、所行者，彼亦長夜得利饒益，安隱快樂。長鬼天！此三族姓子如是有大如意足，有大威德，有大福祐，有大威神。」

佛說如是，此三族姓子及長鬼天，聞佛所說，歡喜奉行。

牛角娑羅林經第四竟 二千三百八字

（一八六）中阿含雙品求解經第五 第四分別誦

我聞如是：一時，佛遊拘樓瘦劒摩瑟曇拘樓都邑。

爾時世尊告諸比丘：「緣於彼意，不知他心如真者，彼世尊正盡覺不可知，云何求解於如來乎？」

時諸比丘白世尊曰：「世尊為法本，世尊為法主，法由世尊，唯願說之，我等聞已，得廣知義。」

佛便告曰：「比丘！諦聽！善思念之，我當為汝具分別說。」

時諸比丘受教而聽，世尊告曰：「緣於彼意，不知他心如真者，當以二事求解如來：一者、眼知色，二者、耳聞聲。若有穢汚眼、耳知法，是彼尊者為有、為無耶？若求時，則知所有穢汚眼、耳知法，彼尊者無。若無此者，當復更求。若有雜眼、耳知法，是彼尊者為有、為無耶？若求時，則知所有雜眼、耳知法，彼尊者無。若無此者，當復更求。若有白淨眼、耳知法，是彼尊者為有、為無耶？若求時，則知所有白淨眼、耳知法，彼尊者有。若有此者，當復更求。彼尊者為長夜行此法，為暫行耶？若求時，則知彼尊者長夜行此法，不暫行也。若常行者，當復更求。彼尊者為為名譽、為為利義入此禪耶？不為名譽、不為利義入此禪耶？若求時，則知彼尊者非為災患故入此禪也。

「若有作是說：『彼尊者樂行非恐怖，離欲不行欲，欲已盡也。』便應問彼：『賢者！有何行、有何力、有何智，令賢者自正觀如是說：彼尊者樂行非恐怖，離欲不行欲，欲已盡耶？』彼若作是答：『賢者！我不知彼心，亦非餘事知，然彼尊者或獨住、或在眾、或在集會，若有善逝，若為善逝所化為宗主，因食可見彼賢者，我不自知，我從彼尊者聞，面前諮受：我樂行非恐怖，離欲不行欲，欲已盡也。

賢者！我有是行、有是力、有是智，令我自正觀如是說：彼尊者樂行不恐怖，離欲不行欲，欲已盡也。』

「於中當復問彼如來法：『若有穢汙眼、耳知法，有彼處此法滅盡無餘？若有雜眼、耳知法，有彼處此法滅盡無餘？若有白淨法，有彼處此法滅盡無餘？』如來為彼答：『若有穢汙眼、耳知法，有彼處此法滅盡無餘；若有雜眼、耳知法，有彼處此法滅盡無餘；若有穢汙眼、耳知法，如來滅斷拔絕根本，終不復生；若有雜眼、耳知法，如來滅斷拔絕根本，終不復生；若有白淨法，如是我白淨。如是境界，如是沙門，我如是成就此正法律。』有信弟子往見如來，奉侍如來，從如來聞法，如來為說法，上復上，妙復妙，善除黑白。如來為說法，上復上，妙復妙，善除黑白者，如是如是聞已，知斷一法，於諸法得究竟，*淨信世尊：彼世尊正盡覺也。

「復應問彼：『賢者！有何行、有何力、有何智，令賢者知斷一法，於諸法得究竟，*淨信世尊：彼世尊正盡覺耶？』彼如是答：『賢者！我不知世尊心，亦非餘事知，我因世尊有如是*淨信，世尊為我說法，上復上，妙復妙，善除黑白。賢者！如如世尊為我說法者，如是如是我聞，如來為我說法，上復上，妙復妙，善除黑白。如是如是我聞已，知斷一法，於諸法得究竟，*淨信世尊：彼世尊正盡覺也。賢者！我有是行、有是力、有是智，令我知斷一法，於諸法得究竟，*淨信世尊：彼世尊正盡覺也。』若有此行、有此力，深著如來信根已立者，是謂信見本不壞智相應，沙門、梵志、天及魔、梵及餘世間無有能奪，如是求解如來，如是正知如來。」

佛說如是，彼諸比丘聞佛所說，歡喜奉行。

求解經第五竟千一十八字

中阿含經卷第四十八九千九百一十九字

中阿含雙品第四竟九千九百一十九字　第四分別誦竟

中阿含經卷第四十九

東晉罽賓三藏瞿曇僧伽提婆譯

第五日誦名後誦有三品半合有三十六經

雙品第一有五經

說智、阿夷那，拘樓明聖道，
東園論小空，大空最在後。

(一八七)中阿含雙品說智經第一

我聞如是：一時，佛遊舍衞國，在勝林給孤獨園。

爾時世尊告諸比丘：「若有比丘來向汝說已所得智：我生已盡，梵行已立，所作已辦，不更受有，知如真者，汝等聞之，當善然可，歡喜奉行。善然可彼，歡喜奉行已，當復如是問彼比丘：『賢者！世尊說五盛陰：色盛陰，覺、想、行、識盛陰。賢者！云何知、云何見此五盛陰，得知無所受，漏盡心解脫耶？』

「漏盡比丘得知梵行已立法者，應如是答：『諸賢！色盛陰非果、空虛、不可欲、不恒有、不可倚、變易法，我知如是。若於色盛陰有欲、有染、有著、有縛、縛著使者，彼盡、無欲、滅、息、止，得知無所受，漏盡心解脫；如是覺、想、行、識盛陰非果、空虛、不可欲、不恒有、不可倚、變易法，我知如是。若於識盛陰有欲、有染、有著、有縛、縛著使者，彼盡、無欲、滅、息、止，得知無所受，漏盡心解脫。諸賢！我如是知、如是見此五盛陰，得知無所受，漏盡心解脫。』漏盡比丘得知梵行已立法者，應如是答。

「汝等聞之，當善然可，歡喜奉行。善然可彼，歡喜奉行已，當復如是問彼比丘：『賢者！世尊說四食，衆生以此得存長養。云何為四？一曰摶食麤細，二曰更樂，三曰意念，四曰識也。賢者！云何知、云何見此四食，得知無所受，漏盡心解脫耶？』漏盡比丘得知梵行已立法者，應如是答：『諸賢！我於摶食，意不高不下，不倚不縛，不染不著，得解得脫，盡得解脫，心離顛倒，生已盡，梵行已立，所作已辦，不更受有，知如真。如是更樂、意念、識食，不高不下，不倚不縛，不染不著，得解得脫，盡得解脫，心離顛倒，生已盡，梵行已立，所作已辦，不更受有，知如真。諸賢！我如是知、如是見此四食，得知無所受，漏盡心解脫。』漏盡比丘得知梵行已立法者，應如是答。

「汝等聞之，當善然可，歡喜奉行。善然可彼，歡喜奉行已，當復如是問彼比丘：『賢者！世尊說四說。云何為四？一曰見見說，二曰聞聞說，三曰識識說，四曰知知說。賢者！云何知、云何見此四說，得知無所受，漏盡心解脫耶？』漏盡比丘得知梵行已立法者，應如是答：『諸賢！我於見見說，不高不下，不倚不縛，不染不著，得解得脫，盡得解脫，心離顛倒，生已盡，梵行已立，所作已辦，不更受有，知如真。如是聞聞、識識、知知說，不高不下，不倚不縛，不染不著，得解得脫，盡得解脫，心離顛倒，生已盡，梵行已立，所作已辦，不更受有，知如真。諸賢！我如是知、如是見此四說，得知無所受，漏盡心解脫。』漏盡比丘得知梵行已立法者，應如是答。

「汝等聞之，當善然可，歡喜奉行。善然可彼，歡喜奉行已，當復如是問彼比丘：『賢者！世尊說內六處：眼處，耳、鼻、舌、身、意處。賢者！云何知、云何見此內六處，得知無所受，漏盡心解脫耶？』漏盡比丘得知梵行已立法者，應如是答：『諸賢！我於眼及眼識，眼識知法俱知，二法知已。諸賢！若眼及眼識，眼識知法，樂已盡，彼盡、無欲、滅、息、止，得知無所受，漏盡心解脫。如是耳、鼻、舌、身、意及意識，意識知法俱知，二法知已。諸賢！若意及意識，意識知法，樂已盡，彼盡、無欲、滅、息、止，得知無所受，漏盡心解脫。諸賢！我如是知、如是見此內六處，得知無所受，漏盡心解脫。』漏盡比丘得知梵行已立法者，應如是答。

「汝等聞之，當善然可，歡喜奉行。善然可彼，歡喜奉行已，當復如是問彼比丘：『賢者！世尊說六界：地界、水界、火界、風界、空界、識界。賢者！云何知、云何見此六界，得知無所受，漏盡心解脫耶？』漏盡比丘得知梵行已立法者，應如是答：『諸賢！我不見地界是我所，我非地界所，地界非是神，然謂三受依地界住，識使所著，彼盡、無欲、滅、息、止，得知無所受，漏盡心解脫。如是水、火、風、空、識界，非是我所，我非識界所，識界非是神，然謂三受依識界住，識使所著，彼盡、無欲、滅、息、止，得知無所受，漏盡心解脫。諸賢！我如是知、如是見此六界，得知無所受，漏盡心解脫。』漏盡比丘得知梵行已立法者，應如是答。

「汝等聞之，當善然可，歡喜奉行。善然可彼，歡喜奉行已，當復如是問彼比丘：『賢者！云何知、云何見此內身共有識及外諸相，一切我、我作及慢使斷知，拔絕根本，終不復生？』

「漏盡比丘得知梵行已立法者，應如是答：『諸賢！我本未出家學道時，厭生老病死，啼泣困苦愁慼憂悲，欲斷此大苦陰。諸賢！我厭患已而作是觀：在家至狹，塵勞之處，出家學道，發露曠大。我今在家，為鎖所鎖，不得盡形壽淨修梵行。我寧可捨少財物及多財物，捨少親族及多親族，剃除鬚髮，著袈裟衣，至信捨家無家學道。諸賢！我於後時捨少財物及多財物，捨少親族及多親族，剃除鬚髮，著袈裟衣，至信捨家無家學道。諸賢！我出家學道，捨族相已，受比丘要，修習禁戒，守護從解脫，又復善攝威儀禮節，見纖介罪常懷畏怖，受持學要。

「『諸賢！我離殺，斷殺，棄捨刀杖，有慚有愧，有慈悲心，饒益一切乃至蜫蟲，我於殺生淨除其心。我離不與取，斷不與取，與而後取，樂於與取，常好布施，歡喜無悋不望其報，我於不與取淨除其心。諸賢！我離非梵行，斷非梵行，勤修梵行，精勤妙行，清淨無穢，離欲斷婬，我於非梵行淨除其心。諸賢！我離妄言，斷於妄言，真諦言，樂真諦，住真諦，不移動，一切可信，不欺世間，我於妄言淨除其心。諸賢！我離兩舌，斷於兩舌，行不兩舌，不破壞他。不此聞語彼，欲破壞此；不彼聞語此，欲破壞彼。離者欲合，合者歡喜；不作群黨，不樂群黨，不稱群黨，我於兩舌淨除其心。

「『諸賢！我離麤言，斷於麤言。若有所言辭氣麤獷，惡聲逆耳，眾所不喜，眾所不愛，使他苦惱，令不得定，斷如是言。若有所說清和柔潤，順耳入心，可喜可愛，使他安樂，言聲具了，不使人畏，令他得定，說如是言。我於麤言淨除其心。諸賢！我離綺語，斷綺語，時說、真說、法說、義說、止息說，樂止息諍事，順時得宜，善教善呵，我於綺語淨除其心。諸賢！我離治生，斷於治生，棄捨稱量及斗斛，亦不受貨，不縛束人，不望折斗量，不以小利侵欺於人，我於治生淨除其心。

「『諸賢！我離受寡婦、童女，斷受寡婦、童女，我於受寡婦、童女淨除其心。諸賢！我離受奴婢，斷受奴婢，我於受奴婢淨除其心。諸賢！我離受象、馬、牛、羊，斷受象、馬、牛、羊，我於受象、馬、牛、羊淨除其心。諸賢！我離受雞、猪，斷受雞、猪，我於受雞、猪淨除其心。諸賢！我離受田業、店肆，斷受田業、店肆，我於受田業、店肆淨除其心。諸賢！我離受生稻、麥、豆，斷受生稻、麥、豆，我於受生稻、麥、豆淨除其心。諸賢！我離酒，斷酒，我於飲酒淨除其心。諸賢！我離高廣大床，斷高廣大床，我於高廣大床淨除其心。諸賢！我離華鬘、瓔珞、塗香、脂粉，斷華鬘、瓔珞、塗香、脂粉，我於花鬘、瓔珞、塗香、脂粉淨除其心。諸賢！我離歌舞倡伎及往觀聽，斷歌舞倡伎及往觀聽，我於歌舞倡伎及往觀聽淨除其心。諸賢！我離受生色像寶，斷受生色像寶，我於受生色像寶淨除其心。諸賢！我離過中食，斷過中食，一食、不夜食、學時食，我於過中食淨除其心。

「『諸賢！我已成就此聖戒身，復行知足，衣取覆形，食取充軀。我所往處，衣鉢自隨，無有顧戀，猶如鴈鳥與兩翅俱飛翔空中，我亦如是。諸賢！我已成就此聖戒身及極知足，復守諸根，常念閉塞，念欲明達，守護念心，而得成就。恒欲起意，若眼見色，然不受相，亦不味色，調忿諍故，守護眼根。心中不生貪伺、憂慼、惡不善法，趣向彼故，守護眼根。如是耳、鼻、舌、身，若意知法，然不受相，亦不味法，調忿諍故，守護意根。心中不生貪伺、憂慼、惡不善法，趣向彼故，守護意根。諸賢！我已成就此聖戒身及極知足，聖護諸根，正知出入，善觀分別，屈伸低仰儀容庠序，善著僧伽梨及諸衣鉢，行住坐臥、眠寤語默皆正知之。

「『諸賢！我已成就此聖戒身及極知足，亦成就聖戒護諸根，得正知出入，獨住遠離在無事處，或至樹下空安*靜處，山巖石室、露地穰積，或至林中，或在塚間。諸賢！我已在無事處，或至樹下空安*靜處，敷尼師檀，結跏趺坐，正身正願，*反念不向，斷除貪伺，心無有諍。見他財物諸生活具，不起貪伺，欲令我得，我於貪伺淨除其心；如是瞋恚、睡眠、調悔，斷疑度惑，於諸善法無有猶豫，我於疑惑淨除其心。諸賢！我已斷此五蓋、心穢、慧羸，離欲、離惡不善之法，至得第四禪成就遊。諸賢！我已得如是定心清淨，無穢無煩，柔軟善住，得不動心，趣向漏盡通智作證。

「『諸賢！我知此苦如真，知此苦習、知此苦滅、知此苦滅道如真，知此漏、知此漏習、知此漏滅、知此漏滅道如真。彼如是知、如是見，欲漏心解脫，有漏、無明漏心解脫，解脫已便知解脫：生已盡，梵行已立，所作已*辦，不更受有，知如真。諸賢！我如是知、如是見內身有識及外諸相，一切我、我行及慢使斷知，拔絕根本，終不復生。』漏盡比丘得知梵行已立法者，應如是答。

「汝等聞之，當善然可，歡喜奉行。善然可彼，歡喜奉行已，當復如是語彼比丘：『賢者！初說我等已可意歡喜，然我等欲從賢者上復上求智慧應答辯才，以是故我等從賢者問復問耳。』」

佛說如是，彼諸比丘聞佛所說，歡喜奉行。

說智經第一竟二千八百四十六字

（一八八）中阿含雙品阿夷那經第二第五後誦

我聞如是：一時，佛遊舍衛國，在於東園鹿子母堂。

爾時世尊則於晡時，從燕坐起，堂上來下，在堂影中露地經行，為諸比丘廣說甚深微妙之法。彼時異學阿夷那沙門蠻頭弟子，遙見世尊從燕坐起，堂上來下，在堂影中露地經行，為諸比丘廣說甚深微妙之法。異學阿夷那沙門蠻頭弟子，往詣佛所，共相問訊，隨佛經行。

世尊迴顧問曰：「阿夷那！沙門蠻頭實思五百思，若有異沙門、梵志一切知、一切見者，自稱我有無餘、知無餘，見彼有過、自稱有過？」

異學阿夷那沙門蠻頭弟子答曰：「瞿曇！沙門蠻頭實思五百思，若有異沙門、梵志一切知、一切見者，自稱我有無餘、知無餘，見彼有過、自稱有過。」

世尊復問曰：「阿夷那！云何沙門蠻頭思五百思，若有異沙門、梵志一切知、一切見者，自稱我有無餘、知無餘，見彼有過、自稱有過耶？」

異學阿夷那沙門蠻頭弟子答曰：「瞿曇！沙門蠻頭作如是說：『若行、若住、若坐、若臥、若眠、若寤，或晝、或夜，常無礙知見。或時逢騁象、逸馬、騁車、叛兵、走男、走女，或行如是道，逢惡象、惡馬、惡牛、惡狗，或值蛇聚，或得塊擲，或得杖打，或墮溝瀆，或墮厠中，或乘臥牛，或墮深坑，或入刺中，或見村邑，問名問道，見男見女，問姓問名，或觀空舍，或如是入族，彼既入已，而問我曰

：「尊從何行？」我答彼曰：「諸賢！我趣惡道也。」』瞿曇！沙門蠻頭如是比丘思五百思，若有異沙門、梵志一切知、一切見者，自稱我有無餘、知無餘，見彼有過也。」

於是世尊離於經行，至經行⊙道頭，敷尼師檀，結跏趺坐，問諸比丘：「我所說智慧事，汝等受持耶？」

彼諸比丘默然不答。

世尊復至再三問曰：「諸比丘！我所說智慧事，汝等受持耶？」諸比丘亦至再三默然不答。彼時有一比丘即從坐起，偏袒著衣，叉手向佛，白曰：「世尊！今正是時。善逝！今正是時。若世尊為諸比丘說智慧事，諸比丘從世尊聞，當善受持。」

世尊告曰：「比丘！諦聽！善思念之，我當為汝具分別說。」

時諸比丘白曰：「唯然，當受教聽。」

佛復告曰：「凡有二衆，一曰法衆，二曰非法衆。何者非法衆？或有一行非法說非法，彼衆亦行非法說非法。彼非法人住非法衆前，自己所知，而虛妄言，不是真實，顯示分別，施設其行，流布次第說法，欲斷他意弊惡，難詰不可說也，於正法律中不可稱立自己所知。彼非法人住非法衆前，自稱我有智慧普知。於中若有如是說智慧事者，是謂非法衆。何者法衆？或有一行法說法，彼衆亦行法說法。彼法人住法衆前，自己所知，不虛妄言，是真是實，顯示分別，施設其行，流布次第說，欲斷他意弊惡，難詰則可說也，於正法中而可稱立自己所知。彼法人住法衆前，自稱我有智慧普知。於中若有如是說智慧事者，是謂法衆。是故汝等當知法非法、義與非義。知法非法、義非義已，汝等當學如法如義。」

佛說如是，即從座起，入室燕坐。於是諸比丘便作是念：「諸賢！當知世尊略說此義，不廣分別，即從坐起，入室燕坐：『是故汝等當知法非法、義與非義。知法非法、義非義已，汝等當學如法如義。』」彼復作是念：「諸賢！誰能廣分別世尊向所略說義？」彼復作是念：「尊者阿難是佛侍者而知佛意，常為世尊之所稱譽，及諸智梵行人，尊者阿難能廣分別世尊向所略說義。諸賢共往詣尊者阿難所，請說此義；若尊者阿難為分別者，我等當善受持。」

於是諸比丘往詣尊者阿難所，共相問訊，却坐一面，白曰：「尊者阿難！當知世尊略說此義，不廣分別，即從坐起，入室燕坐：『汝等當知法非法、義與非義。知法非法、義非義已，汝等當學如法如義。』我等便作是念：『諸賢！誰能廣分別世尊向所略說義？』我等復作是念：『尊者阿難是佛侍者而知佛意，常為世尊之所稱譽，及諸智梵行人，尊者阿難能廣分別世尊向所略說義。』唯願尊者阿難為慈愍故，而廣說之。」

尊者阿難告曰：「諸賢！聽我說喻，慧者聞喻則解其義。諸賢！猶如有人欲得求實，為求實故，持斧入林，彼見大樹成根、莖、節、枝、葉、華、實，彼人不觸根、莖、節、實，但觸枝、葉。諸賢所說亦復如是，世尊現在，捨來就我而問此義。所以者何？諸賢！當知世尊是眼、是智、是義，是法、法主、法將，說真諦義，現一切義由彼世尊，諸賢應往詣世尊所而問此義：『世尊！此云何？此何義？』如世尊說者，諸賢等當善受持。」

時諸比丘白曰：「唯然，尊者阿難！世尊是眼、是智、是義，是法、法主、法將，說真諦義，現一切義由彼世尊。然尊者阿難是佛侍者而知佛意，常為世尊之所稱譽，及諸智梵行人，尊者阿難能廣分別世尊向所略說義。唯願尊者阿難為慈愍故，而廣說之。」

尊者阿難告諸比丘：「諸賢等！共聽我所說。諸賢！邪見非法，正見是法。若有因邪見生無量惡不善法者，是謂非義；若因正見生無量善法者，是謂是義。諸賢！乃至邪智非法，正智是法。若因邪智生無量惡不善法者，是謂非義；若因正智生無量善法者，是謂是義。諸賢！謂世尊略說此義，不廣分別，即從坐起，入室燕坐：『是故汝等當知法非法、義與非義。知法非法、義非義已，汝等當學如法如義。』此世尊略說，不廣分別義，我以此句、以此文廣說如是。諸賢可往向佛具陳，若如世尊所說義者，諸賢等便可受持。」

於是諸比丘聞尊者阿難所說，善受持誦，即從坐起，繞尊者阿難三匝而去，往詣佛所，稽首作禮，却坐一面，白曰：「世尊！向世尊略說此義，不廣分別，即從坐起，入室燕坐。尊者阿難以此句、以此文而廣說之。」

世尊聞已，歎曰：「善哉！善哉！我弟子中有眼、有智、有法、有義。所以者何？謂師為弟子略說此義，不廣分別，彼弟子以此句、以此文而廣說之。如阿難所說，汝等應當如是受持。所以者何？以說觀義應如是也。」

佛說如是，彼諸比丘聞佛所說，歡喜奉行。

阿夷那經第二竟千八百二十八字

(一八九)中阿含雙品聖道經第三第五後誦

我聞如是：一時，佛遊拘樓瘦劒磨瑟曇拘樓都邑。

爾時世尊告諸比丘：「有一道令眾生得清淨，離愁慼啼哭，滅憂苦懊惱，便得如法。謂聖正定，有習、有助，亦復有具；而有七支，於聖正定說習、說助，亦復說具。云何為七？正見、正志、正語、正業、正命、正方便、正念。若有以此七支習、助、具，善趣向心得一者，是謂聖正定，有習、有助，亦復有具。所以者何？正見生正志，正志生正語，正語生正業，正業生正命，正命生正方便，正方便生正念，正念生正定。賢聖弟子如是心正定，頓盡婬、怒、癡。賢聖弟子如是正心解脫，頓知生已盡，梵行已立，所作已辦，不更受有，知如真。彼中正見最在其前。

「若見邪見是邪見者，是謂正見；若見正見是正見者，亦謂正見。云何邪見？謂此見無施、無齋、無有呪說，無善惡業，無善惡業報，無此世彼世，無父無母；世無真人往至善處，善去善向，此世彼世，自知自覺，自作證成就遊，是謂邪見。云何正見？謂此見有施、有齋，亦有呪說，有善惡業，有善惡業報，有此世彼世，有父有母；世有真人，往至善處，善去善向，此世彼世，自知自覺，自作證成就遊，是謂正見。是為見邪見是邪見者，是謂正見；見正見是正見者，亦謂正見。彼如是知已，則便求學，欲斷邪見，成就正見，是謂正方便。比丘以念斷於邪見，成就正見，是謂正念。此三支隨正見，從見方便，是故正見最在前也。

「若見邪志是邪志者，是謂正志；若見正志是正志者，亦謂正志。云何邪志？欲念、恚念、害念，是謂邪志。云何正志？無欲念、無恚念、無害念，是謂正志。是為見邪志是邪志者，是謂正志；見正志是正志者，亦謂正志。彼如是知已，則便求學，欲斷邪志，成就正志，是謂正方便。比丘以念斷於邪志，成就正志，是謂正念。此三支隨正志從見方便，是故正見最在前也。

「若見邪語是邪語者，是謂正語；若見正語是正語者，亦謂正語。云何邪語？妄言、兩舌、麤言、綺語，是謂邪語。云何正語？離妄言、兩舌、麤言、*綺語，是謂正語。是為見邪語是邪語者，是謂正語；見正語是正語者，亦謂正語。彼如是知已，則便求學，欲斷邪語，成就正語，是謂正方便。比丘以念斷於邪語，成就正語，是謂正念。此三支隨正語從見方便，是故正見最在前也。

「若見邪業是邪業者，是謂正業；若見正業是正業者，亦謂正業。云何邪業？殺生、不與取、邪婬，是謂邪業。云何正業？離殺、不與取、邪婬，是謂正業。是為見邪業是邪業者，是謂正業；見正業是正業者，亦謂正業。彼如是知已，則便求學，欲斷邪業，成就正業，是謂正方便。比丘以念斷於邪業，成就正業，是謂正念。此三支隨正業從見方便，是故正見最在前也。

「若見邪命是邪命者，是謂正命；若見正命是正命者，亦謂正命。云何邪命？若有求無滿意，以若干種畜生之呪，邪命存命。彼不如法求衣被，以非法也；不如法求飲食、床榻、湯藥、諸生活具，以非法也。是謂邪命。云何正命？若不求無滿意，不以若干種畜生之呪，不邪命存命。彼如法求衣被，則以法也；如法求飲食、床榻、湯藥、諸生活具，則以法也。是謂正命。是為見邪命是邪命者，是謂正命；見正命是正命者，亦謂正命。彼如是知已，則便求學，欲斷邪命，成就正命，是謂正方便。比丘以念斷於邪命，成就正命，是謂正念。此三支隨正命從見方便，是故正見最在前也。

「云何正方便？比丘者，已生惡法為斷故，發欲求方便，精勤舉心滅；未生惡法為不生故，發欲求方便，精勤舉心滅；未生善法為生故，發欲求方便，精勤舉心滅；已生善法為住，不忘不退，轉增廣布，修習滿具故，發欲求方便，精勤舉心滅。是謂正方便。云何正念？比丘者，觀內身如身，觀至覺、心、法如法，是謂正念。云何正定？

比丘者，離欲、離惡不善之法，至得第四禪成就遊，是謂正定。云何正解脫？比丘者，欲心解脫，恚、癡心解脫，是謂正解脫。云何正智？比丘者，知欲心解脫，知恚、癡心解脫，是謂正智也。是為學者成就八支，漏盡阿羅訶成就十支。

「云何學者成就八支？學正見至學正定，是為學者成就八支。云何漏盡阿羅訶成就十支？無學正見至無學正智，是謂漏盡阿羅訶成就十支。所以者何？正見者，斷於邪見。若因邪見生無量惡不善法者，彼亦斷之；若因正見生無量善法者，彼則修習，令滿具足。至正智者斷於邪智，若因邪智生無量惡不善法者，彼亦斷之；若因正智生無量善法者，彼則修習，令滿具足。

「是為二十善品、二十不善品，是為說四十大法品轉於梵輪，沙門、梵志、天及魔、梵及餘世間，無有能制而言非者。若有沙門、梵志者，我所說四十大法品轉於梵輪，沙門、梵志、天及魔、梵及餘世間，無有能制而言非者，彼於如法有十詰責。

「云何為十？若毀呰正見，稱譽邪見；若有邪見沙門、梵志，若供養彼而稱譽彼。若有沙門、梵志者，我所說四十大法品轉於梵輪，沙門、梵志、天及魔、梵及餘世間，無有能制而言非者，彼於如法是謂一詰責。若毀呰至正智，稱譽邪智；若有邪智沙門、梵志，若供養彼而稱譽彼。若有沙門、梵志，我所說四十大法品轉於梵輪，沙門、梵志、天及魔、梵及餘世間，無有能制而言非者，彼於如法是謂第十詰責。若有沙門、梵志，我所說四十大法品轉於梵輪，沙門、梵志、天及魔、梵及餘世間，無有能制而言非者，是謂於如法有十詰責。

「若更有餘沙門、梵志，蹲踞說蹲踞，無所有說無所有，說無因、說無作、說無業，謂彼彼所作善惡施設，斷絕破壞彼此。我所說四十大法品轉於梵輪，沙門、梵志、天及魔、梵及餘世間，無有能制而言非者，彼亦有詰責、愁憂恐怖。」

佛說如是，彼諸比丘聞佛所說，歡喜奉行。

聖道經第三竟千八百五字

（一九〇）中阿含雙品小空經第四第五後誦

我聞如是：一時，佛遊舍衛國，在於東園鹿子母堂。

爾時尊者阿難則於晡時，從燕坐起，往詣佛所，稽首佛足，却住一面，白曰：「世尊！一時遊行釋中，城名釋都邑，我於爾時從世尊聞說如是義：『阿難！我多行空。』彼世尊所說，我善知、善受，為善持耶？」

爾時世尊答曰：「阿難！彼我所說，汝實善知、善受、善持。所以者何？我從爾時及至於今，多行空也。阿難！如此鹿子母堂空無象、馬、牛、羊、財物、穀米、奴婢，然有不空，唯比丘眾。是為，阿難！若此中無者，以此故，我見是空；若此有餘者，我見真實有。阿難！是謂行真實空，不顛倒也。

「阿難！比丘若欲多行空者，彼比丘莫念村想，莫念人想，當數念一無事想。彼如是知，空於村想，空於人想，然有不空，唯一無事想。若有疲勞，因村想故，我無是也。若有疲勞，因人想故，我亦無是。唯有疲勞，因一無事想故。若彼中無者，以此故，彼見是空；若彼有餘者，彼見真實有。阿難！是謂行真實空，不顛倒也。

「復次，阿難！比丘若欲多行空者，彼比丘莫念人想，莫念無事想，當數念一地想。彼比丘若見此地有高下，有蛇聚，有棘刺叢，有沙有石，山巘深河，莫念彼也。若見此地平正如掌，觀望處好，當數念彼。阿難！猶如牛皮，以百釘張，極張托已，無皺無縮。若見此地有高下，有蛇聚，有棘刺叢，有沙有石，山巘深河，莫念彼也。若見此地平正如掌，觀望處好，當數念彼。彼如是知，空於人想，空無事想，然有不空，唯一地想。若有疲勞，因人想故，我無是也。若有疲勞，因無事想故，我亦無是。唯有疲勞，因一地想故。若彼中無者，以此故，彼見是空；若彼有餘者，彼見真實有。阿難！是謂行真實空，不顛倒也。

「復次，阿難！比丘若欲多行空者，彼比丘莫念無事想，莫念地想，當數念一無量空處想。彼如是知，空無事想，空於地想，然有不空，唯一無量空處想。若有疲勞，因無事想故，我無是也。若有疲勞，因地想故，我亦無是。唯有疲勞，因一無量空處想故。若彼中無者，以此故，彼見是空；若彼有餘者，彼見真實有。阿難！是謂行真實空，不顛倒也。

「復次，阿難！比丘若欲多行空者，彼比丘莫念地想，莫念無量空處想，當數念一無量識處想。彼如是知，空於地想，空無量空處想，然有不空，唯一無量識處想。若有疲勞，因地想故，我無是也。若有疲勞，因無量空處想故，我亦無是。唯有疲勞，因一無量識處想故。若彼中無者，以此故，彼見是空；若彼有餘者，彼見真實有。阿難！是謂行真實空，不顛倒也。

「復次，阿難！比丘若欲多行空者，彼比丘莫念無量空處想，莫念無量識處想，當數念一無所有處想。彼如是知，空無量空處想，空無量識處想，然有不空，唯一無所有處想。若有疲勞，因無量空處想故，我無是也。若有疲勞，因無量識處想故，我亦無是。唯有疲勞，因一無所有處想故。若彼中無者，以此故，彼見是空；若彼有餘者，彼見真實有。阿難！是謂行真實空，不顛倒也。

「復次，阿難！比丘若欲多行空者，彼比丘莫念無量識處想，莫念無所有處想，當數念一無想心定。彼如是知，空無量識處想，空無所有處想，然有不空，唯一無想心定。若有疲勞，因無量識處想故，我無是也。若有疲勞，因無所有處想故，我亦無是。唯有疲勞，因一無想心定故。若彼中無者，以此故，彼見是空；若彼有餘者，彼見真實有。阿難！是謂行真實空，不顛倒也。

「彼作是念：『我本無想心定，本所行、本所思；若本所行、本所思者，我不樂彼，不求彼，不應住彼。』如是知、如是見，欲漏心解脫，有漏、無明漏心解脫。解脫已，便知解脫：生已盡，梵行已立，所作已辦，不更受有，知如真。彼如是知，空欲漏，空有漏，空無明漏，然有不空，唯此我身六處命存。若有疲勞，因欲漏故，我無是也。若有疲勞，因有漏、無明漏故，我亦無是。唯有疲勞，因此我身六處命存故。若彼中無者，以此故，彼見是空。若彼有餘者，彼見真實有。阿難！是謂行真實空，不顛倒也，謂漏盡、無漏、無為、心解脫。

「阿難！若過去諸如來、無所著、等正覺，彼一切行此真實空，不顛倒，謂漏盡、無漏、無為、心解脫。阿難！若當來諸如來、無所著、等正覺，彼一切行此真實空，不顛倒，謂漏盡、無漏、無為、心解脫。阿難！若今現在我如來、無所著、等正覺，我亦行此真實空，不顛倒，謂漏盡、無漏、無為、心解脫。阿難！汝當如是學，我亦行此真實空，不顛倒，謂漏盡、無漏、無為、心解脫。是故，阿難！當學如是。」

佛說如是，尊者阿難及諸比丘聞佛所說，歡喜奉行。

小空經第四竟千四百二十三字

（一九一）中阿含雙品大空經第五第五後誦

我聞如是：一時，佛遊釋中迦維羅衛，在尼拘類園。

爾時世尊過夜平旦，著衣持鉢，入迦維羅衞而行乞食。食訖中後，往詣加羅差摩釋精舍。爾時加羅差摩釋精舍敷衆多床座，衆多比丘於中住止。彼時世尊從加羅差摩釋精舍出，往詣加羅釋精舍。爾時尊者阿難與衆多比丘，在加羅釋精舍中集作衣業。

尊者阿難遙見佛來，見已出迎，取佛衣鉢，還敷床座，汲水洗足。佛洗足已，於加羅釋精舍坐尊者阿難所敷之座，告曰：「阿難！加羅差摩釋精舍敷衆多床座，衆多比丘於中住止。」

尊者阿難白曰：「唯然，世尊！加羅差摩釋精舍敷衆多床座，衆多比丘於中住止。所以者何？我今作衣業。」

時世尊復告阿難曰：「比丘不可欲嘩說、樂於嘩說、合會嘩說、欲眾、樂眾、合會於眾、不欲離眾、不樂獨住遠離之處。若有比丘欲嘩說、樂於嘩說、合會嘩說、欲眾、樂眾、合會於眾、不欲離眾、不樂獨住遠離處者，謂有樂、聖樂、無欲之樂、離樂、息樂、正覺之樂、無食之樂、非生死樂，若得如是樂，易不難得者，終無是處。阿難！若有比丘不欲嘩說、不樂嘩說、不合會嘩說、不欲於眾、不樂於眾、不合會眾、欲離於眾、常樂獨住遠離處者，謂有樂、聖樂、無欲之樂、離樂、息樂、正覺之樂、無食之樂、非生死樂，若得如是樂，易不難得，必有是處。

「阿難！比丘不可欲嘩說、樂於嘩說、合會嘩說、欲眾、樂眾、合會於眾、不欲離眾、不樂獨住遠離之處。若有比丘欲嘩說、樂於嘩說、合會嘩說、欲眾、樂眾、合會於眾、不欲離眾、不樂獨住遠離處者，得時愛樂心解脫，及不時不移動心解脫者，終無是處。阿難！若有比丘不欲嘩說、不樂嘩說、不合會嘩說、不欲於眾、不樂於眾、不合會眾、欲離於眾、常樂獨住遠離處者，得時愛樂心解脫，及不時不移動心解脫者，必有是處。所以者何？我不見有一色令我欲樂，彼色敗壞變易，異時生愁慼啼哭、憂苦懊惱，以是故，我此異住處正覺盡覺，調度一切色想行於外空。

「阿難！我行此住處已，生歡悅。我此歡悅，一切身覺正念正智，生喜、生止、生樂、生定，如我此定，一切身覺正念正智。阿難！或有比丘、比丘尼、優婆塞、優婆私共來詣我，我便為彼行如是如是心，遠離，樂無欲；我亦復為彼說法，勸助於彼。阿難！若比丘欲多行空者，彼比丘當持內心住止令一定。彼持內心住止令一定已，當念內空。阿難！若比丘作如是說：我不持內心住止，不令一定，念內空者，當知彼比丘大自疲勞。

「阿難！云何比丘持內心住止令一定耶？比丘者，此身離生喜樂，漬盡潤漬，普遍充滿；離生喜樂，無處不遍。阿難！猶人沐浴，器盛澡豆，以水澆和，和令作丸，漬盡潤漬，普遍充滿，內外周密，無處有漏。如是，阿難！比丘此身離生喜樂，漬盡潤漬，普遍充滿；離生喜樂，無處不遍。阿難！如是比丘持內心住止令得一定。彼持內心住止令一定已，當念內空。彼念內空已，其心移動，不趣向近，不得清澄，不住不解於內空也。阿難！若比丘觀時，則知念內空，其心移動，不趣向近，不得清澄，不住不解於內空者，彼比丘當念外空。彼念外空已，其心移動，不趣向近，不得清澄，不住不解於外空也。

「阿難！若比丘觀時，則知念外空，其心移動，不趣向近，不得清澄，不住不解於外空者，彼比丘當念內外空。彼念內外空已，其心移動，不趣向近，不得清澄，不住不解於內外空也。阿難！若比丘觀時，則知念內外空，其心移動，不趣向近，不得清澄，不住不解於內外空者，彼比丘當念不移動。彼念不移動已，其心移動，不趣向近，不得清澄，不住不解於不移動也。

「阿難！若比丘觀時，則知念不移動，其心移動，不趣向近，不得清澄，不住不解於不移動者，彼比丘彼彼心於彼彼定，御復御，習復習，軟復軟，善快柔和，攝樂遠離。若彼⊙彼心於彼彼定，御復御，習復習，軟復軟，善快柔和，攝樂遠離已，當以內空成就遊。彼內空成就遊已，心不移動，趣向於近，得清澄住，解於內空。阿難！如是比丘觀時，則知內空成就遊，心不移動，趣向於近，得清澄住，解於內空者，是謂正知。

「阿難！比丘當以外空成就遊，彼外空成就遊已，心不移動，趣向於近，得清澄住，解於外空。阿難！如是比丘觀時，則知外空成就遊，心不移動，趣向於近，得清澄住，解於外空者，是謂正知。阿難！比丘當以內外空成就遊，彼內外空成就遊已，心不移動，趣向於近，得清澄住，解於內外空。阿難！如是比丘觀時，則知內外空成就遊，心不移動，趣向於近，得清澄住，解於內外空者，是謂正知。阿難！當以不移動成就遊，彼不移動成就遊已，心不移動，趣向於近，得清澄住，解於不移動。阿難！如是比丘觀時，則知不移動成就遊，心不移動，趣向於近，得清澄住，解於不移動者，是謂正知。

「阿難！彼比丘行此住處心，若欲經行者，彼比丘從禪室出，在室影中露地經行，諸根在內，心不向外，後作前想。如是經行已，心中不生貪伺、憂慼、惡不善法，是謂正知。阿難！彼比丘行此住處心，若欲坐定者，彼比丘從離經行，至經行⊙道頭，敷尼師檀，結跏趺坐，如是坐定已，心中不生貪伺、憂慼、惡不善法，是謂正知。阿難！彼比丘行此住處心，若欲有所念者，彼比丘若此三惡不善之念：欲念、恚念、害念，莫念此三惡不善之念。若此三善念：無欲念、無恚念、無害念，當念此三善念。如是念已，心中不生貪伺、憂慼、惡不善法，是謂正知。

「阿難！彼比丘行此住處心，若欲有所說者，彼比丘若此論非聖論，無義相應，謂論王論、賊論、鬪諍論、飲食論、衣被論、婦人論、童女論、婬女論、世間論、邪道論、海中論，不論如是種種畜生論。若論聖論，與義相應，令心柔和，無諸陰蓋，謂論施論、戒論、定論、慧論、解脫論、解脫知見論、漸損論、不會論、少欲論、知足論、無欲論、斷論、滅論、燕坐論、緣起論，如是沙門所論，如是論已，心中不生貪伺、憂慼、惡不善法，是謂正知。

「復次，阿難！有五欲功德，可樂、意所念，愛色欲相應：眼知色，耳知聲，鼻知香，舌知味，身知觸。若比丘心至到，觀此五欲功德，隨其欲功德，若心中行者。所以者何？無前無後，此五欲功德，隨其欲功德，心中行者。阿難！若比丘觀時，則知此五欲功德，隨其欲功德，心中行者，彼比丘彼彼欲功德，觀無常、觀衰耗、觀無欲、觀斷、觀滅、觀斷、捨離；若此五欲功德有欲有染者，彼即滅也。阿難！若如是比丘觀時，則知者此五欲功德有欲有染，彼已斷也，是謂正知。

「復次，阿難！有五盛陰：色盛陰，覺、想、行、識盛陰。謂比丘如是觀興衰，是色、是色習、是色滅，是覺、想、行、識，是識、是識習、是識滅。若此五盛陰有我慢者，彼即滅也。阿難！若有比丘如是觀時，則知五陰中我慢已滅，是謂正知。阿難！是法一向可、一向樂、一向意念，無漏無受，魔所不及，惡所不及，諸惡不善法、穢汚、當來有本、煩熱苦報、生老病死因亦所不及，謂成就此不放逸也。所以者何？因不放逸，諸如來、無所著、等正覺得覺；因不放逸根，生諸無量善法，若有隨道品。阿難！是故汝當如是學，我亦成就於不放逸，當學如是。

「阿難！以何義故，信弟子隨世尊行奉事至命盡耶？」

尊者阿難白世尊曰：「世尊為法本，世尊為法主，法由世尊，唯願說之！我今聞已，得廣知義。」

佛便告曰：「阿難！諦聽！善思念之，我當為汝具分別說。」

尊者阿難受教而聽。佛言：「阿難！*若其正經、歌詠、記說故，信弟子隨世尊行奉事至命盡也。但，阿難！或彼長夜數聞此法，誦習至千，意所惟觀，明見深達。若此論聖論，與義相應，令心柔和，無諸陰蓋，謂論施論、戒論、定論、慧論、解脫論、解脫知見論、漸損論、不會論、小欲論、知足論、無欲論、斷論、滅論、燕坐論、緣起論，如是沙門所論，得易不難得，因此義故，信弟子隨世尊行奉事至命盡也。阿難！如是為煩師，為煩弟子，為煩梵行。

「阿難！云何為煩師？若師出世，有策慮思惟，往策慮地，有思惟觀離。凡人有辯才，彼住無事處山林樹下，或居高巖，寂無音聲，遠離，無惡，無有人民，隨順宴坐，或住彼處，學遠離精勤，得增上心，現法樂居。彼學遠離，精勤安隱，快樂遊行已，隨弟子還梵志、居士、村邑、國人。彼隨弟子還梵志、居士、村邑、國人已，便*貢高還家。如是為煩師，是亦為惡不善法、穢汙、當來有本、煩熱苦報、生老病死因所煩，是謂煩師。

「阿難！云何為煩弟子？彼師弟子學彼遠離，彼住無事處山林樹下，或居高巖，寂無音聲，遠離，無惡，無有人民，隨順燕坐。或住彼處，學遠離精勤，得增上心，現法樂居。彼學遠離，精勤安隱，快樂遊行已，隨弟子還梵志、居士、村邑、國人。彼隨弟子還梵志、居士、村邑、國人已，便*貢高還家。如是為煩弟子，是亦為惡不善法、穢污、當來有本、煩熱苦報、生老病死因所煩，是謂煩弟子。

「阿難！云何為煩梵行？若如來出世，無所著、等正覺、明行成為、善逝、世間解、無上士、道法御、天人師、號佛、衆祐，彼住無事處山林樹下，或居高巖，寂無音聲，遠離，無惡，無有人民，隨順燕坐。阿難！如來以何義故，住無事處山林樹下，或居高巖，寂無音聲，遠離，無惡，無有人民，隨順燕坐耶？」

尊者阿難白世尊曰：「世尊為法本，世尊為法主，法由世尊，唯願說之！我今聞已，得廣知義。」

佛便告曰：「阿難！諦聽！善思念之，我當為汝具分別說。」

尊者阿難受教而聽，佛言：「阿難！如來非為未得欲得、未獲欲獲、未證欲證故，住無事處山林樹下，或居高巖，寂無音聲，遠離，無惡，無有人民，隨順燕坐。阿難！如來但以二義故，住無事處山林樹下，或居高巖，寂無音聲，遠離、無惡，無有人民，隨順燕坐。一者、為自現法樂居故，二者、慈愍後生人故。或有後生人，效如來住無事處山林樹下，或居高巖，寂無音聲，遠離、無惡，無有人民，隨順燕坐。阿難！如來以此義故，住無事處山林樹下，或居高巖，寂無音聲，遠離，無惡，無有人民，隨順燕坐。或住彼處，學遠離精勤，得增上心，現法樂居。彼學遠離，精勤安隱，快樂遊行已，隨梵行還比丘、比丘尼、優婆塞、優婆私。彼隨梵行還比丘、比丘尼、優婆塞、優婆私已，便不*貢高而不還家。阿難！若彼不移動心解脫作證，我不說彼有障礙也。若彼得四增上心現法樂居，本為精勤，無放逸遊行故，此或可有失以弟子多集會故。

「復次，阿難！彼師弟子效住無事處山林樹下，或居高巖，寂無音聲，遠離，無惡，無有人民，隨順燕坐。或住彼處，學遠離精勤，得增上心，現法樂居。彼學遠離，精勤安隱，快樂遊行已，隨梵行還比丘、比丘尼、優婆塞、優婆私。彼隨梵行還比丘、比丘尼、優婆塞、優婆私已，便*貢高還家。如是為煩梵行，是亦為惡不善法、穢汚、當來有本、煩熱苦報、生老病死因所煩，是謂煩梵行。阿難！於煩師、煩弟子，此煩梵行最為不可、不樂、不愛，最意不念。阿難！是故汝等於我行慈事，莫行怨事。

「阿難！云何弟子於師行怨事，不行慈事？若尊師為弟子說法，憐念愍傷，求義及饒益，求安隱快樂，發慈悲心，是為饒益，是為快樂，是為饒益樂。若彼弟子而不恭敬，亦不順行，不立於智，其心不趣向法次法，不受正法，違犯師教，不能得定者；如是弟子於師行怨事，不行慈事。

「阿難！云何弟子於師行慈事，不行怨事？若尊師為弟子說法，憐念愍傷，求義及饒益，求安隱快樂，發慈悲心，是為饒益，是為快樂，是為饒益樂。若彼弟子恭敬順行而立於智，其心歸趣向法次法，受持正法，不違師教，能得定者；如是弟子於師行慈事，不行怨事。

阿難！是故汝等於我行慈事，莫行怨事。所以者何？我不如是說，如陶師作瓦。阿難！我說嚴急至苦，若有真實者，必能往也。」

佛說如是，尊者阿難及諸比丘聞佛所說，歡喜奉行。

大空經第五竟三千六百七十八字

中阿含經卷第四十九萬一千五百八十字

中阿含雙品第一竟萬一千五百八十字　第五後誦

中阿含經卷第五十

東晉罽賓三藏瞿曇僧伽提婆譯

大品第二有十經 第五後誦

加樓烏陀夷，牟梨破群那，
跋陀、阿濕*具，周那、優婆離，
調御、癡慧地，阿梨*吒、*嗏帝。

（一九二）中阿含大品加樓烏陀夷經第一

我聞如是：一時，佛遊鴦伽國中，與大比丘眾俱，往至阿恕那，住揵若精舍。

爾時世尊過夜平旦，著衣持鉢，入阿恕那而行乞食。食訖中後，收舉衣鉢，澡洗手足，以尼師檀著於肩上，往至一林，欲晝經行。尊者烏陀夷亦過夜平旦，著衣持鉢，入阿恕那而行乞食，食訖中後，收舉衣鉢，澡洗手足，以尼師檀著於肩上，隨侍佛後，而作是念：「若世尊今晝行者，我亦至彼晝行。」

於是世尊入於林中，至一樹下，敷尼師檀，結跏趺坐。尊者烏陀夷亦入彼林，去佛不遠，至一樹下，敷尼師檀，結跏趺坐。爾時尊者烏陀夷獨在*靜處燕坐思惟，心作是念：「世尊為我等多所饒益，善逝為我等多所安隱。世尊於我除衆苦法，增益樂法。世尊於我除無量惡不善之法，增益無量諸善妙法。」

尊者烏陀夷則於晡時，從燕坐起，往詣佛所，稽首佛足，却坐一面。世尊告曰：「烏陀夷！無有所乏，安隱快樂，氣力如常耶？」

尊者烏陀夷白曰：「唯然，世尊！我無所乏，安隱快樂，氣力如常。」

世尊復問曰：「烏陀夷！云何汝無所乏，安隱快樂，氣力如常耶？」

尊者烏陀夷答曰：「世尊！我獨在靖處燕坐思惟，心作是念：『

世尊為我等多所饒益，善逝為我等多所安隱。世尊於我除眾苦法，增益樂法。世尊於我除無量惡不善之法，增益無量諸善妙法。』世尊昔時告諸比丘：『汝等斷過中食。』世尊！我等聞已，不堪不忍，不欲不樂。若有信梵志、居士，往至衆園，廣施作福，我等自手受食，而世尊今教我斷是，善逝教我絕是。復作是說：『此大沙門不能消食。』然我等於世尊威神妙德敬重不堪，是故我等斷中後食。

「復次，昔時世尊告諸比丘：『汝等斷夜食。』世尊！我等聞已，不堪不忍，不欲不樂。於二食中最上、最妙、最勝、最美者，而世尊今教我斷是，善逝教我絕是。復作是說：『此大沙門不能消食。』世尊！昔時有一居士，多持種種淨妙食飲，還歸其家，勅內人曰：『

汝等受此學著一處，我當盡共集會夜食，不為朝中。』世尊！若於諸家施設極妙最上食者，唯有夜食，我為朝中，而世尊今教我斷是，善逝教我絕是。復作是說：『此大沙門不能消食。』然我等於世尊威神妙德敬重不堪，是故我等斷於夜食。

「世尊！我復作是念：『若有比丘非時入村而行乞食，或能逢賊，作業不作業，或逢虎逢鹿，或逢虎鹿，或逢豹逢羆，或逢豹羆，或往如是處，或逢惡象、惡馬、惡牛、惡狗，或值蛇聚，或得塊擲，或得杖打，或墮溝瀆，或墮廁中，或乘臥牛，或墮深坑，或入刺中。觀見空家，入如是家；若彼入已，女人見之，或呼共行惡不淨行。』世尊！昔一比丘夜闇微雨，睒睒掣電，而非時行入他家乞食，彼家婦人爾時出外洗蕩食器，彼時婦人於電光中遙見比丘，謂為是鬼，見已驚怖，身毛皆竪，失聲大呼，即便墮娠，而作是語：『尊是鬼！尊是鬼！』時彼比丘語婦人曰：『妹！我非鬼，我是沙門，今來乞食。』「爾時婦人恚罵比丘至苦至惡，而作是語：『令此沙門命根早斷！令此沙門父母早死！令此沙門種族絕滅！令此沙門腹裂破壞！禿頭沙門以黑自纏，無子斷種，汝寧可持利刀自破其腹，不應非時夜行乞食，*咄此沙門而墮我娠！』世尊！我憶彼已，便生歡悅。世尊！我因此歡悅遍充滿體，正念正智，生喜、止、樂、定。世尊！我因此定遍充滿體，正念正智。如是，世尊！我無所乏，安隱快樂，氣力如常。」

世尊歎曰：「善哉！善哉！烏陀夷！汝今不爾如彼癡人。彼愚癡人，我為其說：『汝等斷此。』彼作是說：『此是小事，何足斷之？而世尊今教我斷此，善逝令我絕此。』亦如是說：『此大沙門不能消食。』彼不斷此，彼但於我生不可、不忍；及餘比丘善護持戒者，亦復為彼生不可、不忍。烏陀夷！彼癡人所縛極堅極牢，轉增轉急，不可斷絕，不得解脫。

「烏陀夷！猶如有蠅，為涕唾所縛，彼在其中或苦或死。烏陀夷！若人作是說：彼蠅所縛，不堅不牢，不轉增急而可斷絕，則得解脫者，為正說耶？」

尊者烏陀夷白曰：「不也，世尊！所以者何？蠅為涕唾所縛，彼於其中或苦或死。是故，世尊！彼蠅所縛，極堅極牢，轉增轉急，不可斷絕，不得解脫。」

「烏陀夷！彼愚癡人我為其說：『汝等斷此。』彼作是說：『此是小事，何足斷之？而世尊今教我斷此，善逝令我絕此。』亦如是說：『此大沙門不能消食。』彼不斷此，彼但於我生不可、不忍；及餘比丘善護持戒者，亦復為彼生不可、不忍。烏陀夷！彼癡人所縛極堅極牢，轉增轉急，不可斷絕，不得解脫。烏陀夷！若族姓子我為其說：『汝等斷此。』彼不作是說：『此是小事，何足斷之？而世尊今教我斷此，善逝令我絕此。』亦不如是說：『此大沙門不能消食。』彼便斷此，彼不於我生不可、不忍；及餘比丘善護奉戒者，亦不為彼生不可、不忍。烏陀夷！彼族姓子所縛不堅不牢，不轉增急，而可斷絕，則得解脫。

「烏陀夷！猶如象王，年至六十，而以憍慠摩訶能伽，牙足體具，筋力熾盛；彼所堅縛，若怒力轉身，彼堅縛者，則便斷絕，還歸本所。烏陀夷！若人作是說：彼大象王年至六十，而以憍慠摩訶能伽，牙足體具，筋力熾盛；彼縛極堅極牢，轉增轉急，不可斷絕，不得解脫者，為正說耶？」

尊者烏陀夷白曰：「不也，世尊！所以者何？彼大象王年至六十，而以憍慠摩訶能伽，牙足體具，筋力熾盛；彼所堅縛，若怒力轉身，彼堅縛者，則便斷絕，還歸本所。世尊！是故彼大象王年至六十，而以憍慠摩訶能伽，牙足體具，筋力熾盛；彼縛不堅不牢，不轉增急，而可斷絕，則得解脫。」

「如是，烏陀夷！彼族姓子我為其說：『汝等斷此。』彼不作是說：『此是小事，何足斷之？而世尊今教我斷此，善逝令我絕此。』亦不如是說：『此大沙門不能消食。』彼便斷此，彼不於我生不可、不忍；及餘比丘善護持戒者，亦不為彼生不可、不忍。烏陀夷！彼族姓子所縛不堅不牢，不轉增急，而可斷絕，則得解脫。烏陀夷！若有癡人我為其說：『汝等斷此。』彼作是說：『此是小事，何足斷之？而世尊今教我斷此，善逝令我絕此。』亦如是說：『此大沙門不能消食。』彼不斷此，彼但於我生不可、不忍；及餘比丘善護持戒者，亦復為彼生不可、⊙不忍。烏陀夷！彼癡人所縛極堅極牢，轉增轉急，不可斷絕，不可解脫。

「烏陀夷！猶貧窮人，無有錢財亦無勢力。彼有一婦，其眼復瞎，醜不可愛；唯有一屋，崩壞穿漏，烏鳥所栖，弊不可居；而有一床，復破折壞，弊不可臥；*止有一瓶，缺不可用。彼見比丘食訖中後，淨洗手足，敷尼師檀，坐一樹下，清涼和調，修增上心。彼見已，而作是念：沙門為快樂，沙門如涅槃，我惡無德。所以者何？我有一婦，其眼復瞎，醜不可愛，不能捨離；唯有一屋，崩壞穿漏，烏鳥所栖，弊不可居，不能捨離；而有一床，復破折壞，弊不可臥，不能捨離；*止有一瓶，缺不可用，不能捨離。愛樂比丘，剃除鬚髮，著袈裟衣，至信捨家無家學道。烏陀夷！若人作是說：彼貧窮人，無有錢財亦無勢力，所縛不堅不牢，不轉增急，而可斷絕，則得解脫者，為正說耶？」

尊者烏陀夷白曰：「不也，世尊！所以者何？彼貧窮人，無有錢財亦無勢力。有一瞎婦，醜不可愛，不能捨離；唯有一屋，崩壞穿漏，烏鳥所栖，弊不可居，不能捨離；而有一床，復破折壞，弊不可臥，不能捨離；*止有一瓶，缺不可用，不能捨離。愛樂比丘，剃除鬚髮，著袈裟衣，至信捨家無家學道。世尊！是故彼貧窮人，無有錢財亦無勢力，所縛極堅極牢，轉增轉急，不可斷絕，不得解脫。」

「如是，烏陀夷！若有癡人我為其說：『汝等斷此。』彼作是說：『此是小事，何足斷之？而世尊今教我斷此，善逝令我絕此。』亦如是說：『此大沙門不能消食。』彼不斷此，彼但於我生不可、不忍；及餘比丘善護持戒者，亦復為彼生不可、不忍。烏陀夷！是故彼癡人所縛極堅極牢，轉增轉急，不可斷絕，不得解脫。烏陀夷！若族姓子我為其說：『汝等斷此。』彼不作是說：『此是小事，何足斷之？而世尊今教我斷此，善逝令我絕此。』亦不如是說：『此大沙門不能消食。』彼便斷此，彼不於我生不可、不忍；及餘比丘善護持戒者，亦不為彼生不可、不忍。烏陀夷！是故彼族姓子所縛不堅不牢，不轉增急，而可斷絕，則得解脫。

「烏陀夷！猶如居士、居士子，極*大富樂多有錢財，畜牧產業不可稱計，封戶、食邑、米穀豐饒，及若干種諸生活具，奴婢、象馬其數無量。彼見比丘食訖中後，淨洗手足，敷尼師檀，坐一樹下，清涼和調，修增上心。彼見已，而作是念：『沙門為快樂，沙門如涅槃。我寧可捨極大富樂金寶、財穀、象馬、奴婢，愛樂比丘，剃除鬚髮，著袈裟衣，至信捨家無家學道。』烏陀夷！若人作是說：彼居士、居士子，所縛極堅極牢，轉增轉急，不可斷絕，不得解脫者，為正說耶？」

尊者烏陀夷白曰：「不也，世尊！所以者何？彼居士、居士子，彼能捨離極大富樂金寶、財穀、象馬、奴婢，愛樂比丘，剃除鬚髮，著袈裟衣，至信捨家無家學道。世尊！是故彼居士、居士子，所縛不堅不牢，不轉增急，而可斷絕，則得解脫。」

「如是，烏陀夷！若族姓子我為其說：『汝等斷此。』彼不作是說：『此是小事，何足斷之？而世尊今教我斷此，善逝令我絕此。』亦不如是說：『此大沙門不能消食。』彼便斷此，彼不於我生不可、不忍；及餘比丘善護持戒者，亦不為彼生不可、不忍。烏陀夷！是故彼族姓子所縛不堅不牢，不轉增急，而可斷絕，則得解脫。

「烏陀夷！比丘行捨，彼行捨已，生欲相應念，愛樂結縛，彼樂是，不斷、不住、不吐。烏陀夷！我說是縛，不說解脫。所以者何？諸結不善。烏陀夷！結不善故，我說是縛，不說解脫。烏陀夷！比丘行捨，彼行捨已，生欲相應念，愛樂結縛，彼不樂是，斷、住、吐。烏陀夷！我說亦是縛，不說解脫。所以者何？諸結不善。烏陀夷！結不善故，我說是縛，不說解脫。烏陀夷！比丘行捨，彼行捨已，或時意忘，俱有欲相應念，愛樂結縛，遲觀速滅。烏陀夷！猶如鐵丸、鐵犁，竟日火燒，或有人著二三渧水，渧遲不續，水便速盡。烏陀夷！如是比丘行捨，彼行捨已，或時意忘，俱有欲相應念，愛樂結縛，遲觀速滅。烏陀夷！我說亦是縛，不說解脫。所以者何？諸結不善。烏陀夷！結不善故，我說是縛，不說解脫。

「烏陀夷！俱在苦根，遊行無生死，於無上愛盡，善心解脫。烏陀夷！我說解脫，不說是縛。所以者何？諸結已盡。烏陀夷！諸結盡故，我說解脫，不說是縛。烏陀夷！有樂，非聖樂，是凡夫樂，病本、癰本、箭刺之本，有食、有生死，不可修、不可習、不可廣布，我說於彼則不可修。烏陀夷！有樂，是聖樂、無欲樂、離樂、息樂、正覺之樂，無食、無生死，可修、可習、可廣布，我說於彼則可修也。

「烏陀夷！云何有樂，非聖樂，是凡夫樂，病本、癰本、箭刺之本，有食、有生死，不可修、不可習、不可廣布，我說於彼不可修耶？若因五欲生樂生善者，是樂非聖樂，是凡夫樂，病本、癰本、箭刺之本，有食、有生死，不可修、不可習、不可廣布，我說於彼則不可修。烏陀夷！云何有樂，是聖樂、無欲樂、離樂、息樂、正覺之樂，無食、無生死，可修、可習、可廣布，我說於彼則可修耶？烏陀夷！若比丘離欲、離惡不善之法，至得第四禪成就遊者，是樂是聖樂、無欲樂、離樂、息樂、正覺之樂，無食、無生死，可修、可習、可廣布，我說於彼則可修也。

「烏陀夷！比丘離欲、離惡不善之法，有覺、有觀，離生喜樂，得初禪成就遊，聖說是移動。此中何等聖說移動？此中有覺、有觀，是聖說移動。此中何等聖說移動？烏陀夷！比丘覺、觀已息，內*靜一心，無覺、無觀，定生喜樂，得第二禪成就遊，是聖說移動。此中何等聖說移動？若此得喜，是聖說移動。此中何等聖說移動？烏陀夷！比丘離於喜欲，捨無求遊，正念正智而身覺樂，謂聖所說、聖所捨、念、樂住、*空，得第三禪成就遊，是聖說移動。此中何等聖說移動？若此說移動心樂，是聖說移動。此中何等聖說不移動？烏陀夷！比丘樂滅、苦滅，喜憂本已滅，不苦不樂，捨、念清淨，得第四禪成就遊，是聖說不移動。

「烏陀夷！比丘離欲、離惡不善之法，有覺、有觀，離生喜樂，得初禪成就遊。烏陀夷！我說此不得無、不得斷、不得過度。此中何等過度？烏陀夷！比丘覺、觀已息，內*靜一心，無覺、無觀，定生喜樂，得第二禪成就遊，是謂此中過度。烏陀夷！我說此亦不得無、不得斷、不得過度。此中何等過度？烏陀夷！比丘離於喜欲，捨無求遊，正念正智而身覺樂，謂聖所說、聖所捨、念、樂住、*空，得第三禪成就遊，是謂此中過度。烏陀夷！我說此亦不得無、不得斷、不得過度。此中何等過度？烏陀夷！比丘樂滅、苦滅，喜憂本已滅，不苦不樂，捨、念清淨，得第四禪成就遊，是謂此中過度。烏陀夷！我說此亦不得無、不得斷、不得過度。

「此中何等過度？烏陀夷！比丘度一切色想，滅有對想，不念若干想，無量空，是無量空處成就遊，是謂此中過度。烏陀夷！我說此亦不得無、不得斷、不得過度。此中何等過度？烏陀夷！比丘度一切無量空處，無量識，是無量識處成就遊，是謂此中過度。烏陀夷！我說此亦不得無、不得斷、不得過度。此中何等過度？烏陀夷！比丘度一切無量識處，無所有，是無所有處成就遊，是謂此中過度。烏陀夷！我說此亦不得無、不得斷、不得過度。此中何等過度？烏陀夷！比丘度一切無所有處，非有想非無想，是非有想非無想處成就遊，是謂此中過度。烏陀夷！我說至非有想非無想處，亦不得無、不得斷、不得過度。

「烏陀夷！頗有一結，或多或少久住者，我說不得無、不得斷、不得過度，謂我說不斷耶？」

尊者烏陀夷白曰：「不也，世尊！」

世尊歎曰：「善哉！善哉！烏陀夷！汝不爾如彼癡人。彼愚癡人，我為其說：『汝等斷此。』彼作是說：『此是小事，何足斷之？而世尊今教我斷此，善逝令我絕此。』亦如是說：『此大沙門不能消食。』彼不斷此，彼但於我生不可、不忍；及餘比丘善護持戒者，亦復為彼生不可、不忍。烏陀夷！是故彼癡人所縛極堅極牢，轉增轉急，不可斷絕，不得解脫。烏陀夷！若有族姓子我為其說：『汝等斷此。

』彼不作是說：『此是小事，何足斷之？而今世尊教我斷此，善逝令我絕此。』亦不如是說：『此大沙門不能消食。』彼便斷此，彼不於我生不可、不忍；及餘比丘善護持戒者，亦不為彼生不可、不忍。烏陀夷！是故彼族姓子所縛不堅不牢，不轉增急，而可斷絕，則得解脫。」

佛說如是，尊者烏陀夷聞佛所說，歡喜奉行。

加樓烏陀夷經第一竟四千四百六十七字

(一九三)中阿含大品牟犁破群那經第二第五後誦

我聞如是：一時，佛遊舍衞國，在勝林給孤獨園。

爾時牟犁破群那與比丘尼數共集會。若有人向牟犁破群那比丘道說比丘尼者，彼聞已，便瞋恚憎嫉，乃至鬪諍；若有人向諸比丘尼道說牟犂破群那比丘者，諸比丘尼聞已，便瞋恚憎嫉，乃至鬪諍。衆多比丘聞已，便往詣佛，稽首佛足，却坐一面，白曰：「世尊！牟犂破群那比丘與比丘尼數共集會。若有人向牟犂破群那比丘道說比丘尼者，彼聞已，便瞋恚憎嫉，乃至鬪諍；若有人向諸比丘尼道說牟犂破群那比丘者，諸比丘尼聞已，便瞋恚憎嫉，乃至鬪諍。」

世尊聞已，告一比丘：「汝往牟犂破群那比丘所，而語之曰：『世尊呼汝。』」

一比丘聞已：「唯然，世尊！」

即從坐起，稽首佛足，繞三匝而去。至牟犂破群那比丘所，而語之曰：「世尊呼汝。」

牟犁破群那聞已，來詣佛所，為佛作禮，却坐一面。世尊告曰：「破群那！汝實與比丘尼數共集會。若有人向汝道說比丘尼者，汝聞已，便*瞋恚憎嫉，乃至鬪諍；若有人向諸比丘尼道說汝者，諸比丘尼聞已，便*瞋恚憎嫉，乃至鬪諍。破群那！汝實如是耶？」

破群那答曰：「實爾，世尊！」

世尊復問曰：「破群那！汝非至信捨家無家學道耶？」

破群那答曰：「唯然，世尊！」

世尊告曰：「破群那！是以汝至信捨家無家學道者，應當學：若有欲有念依家，斷是；若有欲有念依於無欲，是習是修，是廣布也。

破群那！汝當如是學。」

爾時世尊問諸比丘曰：「汝等非至信捨家無家學道耶？」

諸比丘答曰：「唯然，世尊！」

世尊復告諸比丘曰：「是以汝等至信捨家無家學道者，應當學：若有欲有念依家，斷是；若有欲有念依於無欲，是習是修，是廣布也。汝等當如是學！昔時我曾告諸比丘：『汝等！若有比丘多所知識，若有比丘少所知識，彼一切盡學一坐食，學一坐食已，無為無求，無有病痛，身體輕便，氣力康強，安隱快樂。』彼諸比丘多所知識及少知識，盡學一坐食，學一坐食已，無為無求，無有病痛，身體輕便，氣力康強，安隱快樂。彼諸比丘可於我心，我亦不多教訶，諸比丘因此生念向法次法。

「猶如馬車，御者乘之，左手執轡，右手執策，隨八道行，*任意所至；如是諸比丘可於我心，我亦不多教訶，諸比丘因此生念向法次法。猶如良地有娑羅樹林，彼治林者聰明黠慧而不懈怠，彼隨時治娑羅樹根，數數鋤糞，以水溉灌，高者掘下，下者填滿；若邊生惡草，薅除棄之；若並生曲戾惡不直者，拔根著外；若枝生橫曲，則落治之；若近邊新生調直好者，便隨時治，數數鋤糞，以水溉灌；如是彼良地娑羅樹林轉轉茂盛。如是諸比丘可於我心，我亦不多教訶彼；我不說彼善語恭順，謂因衣鉢、飲食、床榻、湯藥、諸生活具故。所以者何？彼比丘若不得是還不善語恭順，成就不善語恭順法。

「若有比丘為遠離、依遠離、住遠離、住遠離、善語恭順，成就善語恭順法者，我說彼善語恭順。所以者何？或有一善護善逝行者，謂因他無惡語言也。若他不惡語言者，便不瞋恚，亦不憎嫉，不憂纏住，不憎*瞋恚，不發露惡。彼諸比丘見已，便作是念：『此賢者忍辱溫和堪耐，善制善定善息。』若他惡語言者，便*瞋恚憎嫉，而憂纏住、憎恚、發惡。彼諸比丘見已，便作是念：『此賢者惡性急弊纊獷，不定不制不息。』所以者何？

「比丘！昔時有居士婦，名鞞陀提，極大富樂多有錢財，畜牧產業不可稱計，封戶、食邑、米穀豐饒，及若干種諸生活具。爾時居士婦鞞陀提如是大有名稱，流布諸方：居士婦鞞陀提忍辱堪耐溫和，善制善定善息。爾時居士婦鞞陀提有婢名黑本侍者，有妙善言，少多行善。彼黑婢作是念：『我大家居士婦鞞陀提，如是有大名稱，流布諸方：居士婦鞞陀提，忍辱堪耐溫和，善制善定善息。我今寧可試大家居士婦鞞陀提，為實*瞋？為實不*瞋耶？』

「於是黑婢臥不早起，夫人呼曰：『黑婢！何不早起耶？』黑婢聞已，便作是念：『我大家居士婦鞞陀提實瞋，非不瞋也。但因我善能料理家業，善經營、善持故，令我大家居士婦*鞞陀提，如是有極大名稱，流布諸方：居士婦鞞陀提，忍辱堪耐溫和，善制善定善息。我今寧可復更大試大家居士婦鞞陀提，為實*瞋？為實不*瞋耶？』

「於是黑婢臥極晚不起，夫人呼曰：『黑婢！何以極晚不起耶？

』黑婢聞已，作是念：『我大家居士婦鞞陀提實瞋，非不瞋也。但因我善能料理家業，善經營、善持故，令我大家居士婦鞞陀提，如是有極大名稱，流布諸方：居士婦鞞陀提忍辱堪耐溫和，善制善定善息耳！我今寧可復更極大試大家居士婦鞞陀提，為實瞋？為實不瞋耶？』

「於是黑婢臥至晡時乃起，夫人呼曰：『黑婢！何以乃至晡時起？既不自作，亦不教作？此黑婢不隨我教！此黑婢輕慢於我！』便大瞋恚而生憎嫉，額三脈起，皺面自往，閉戶下關，手執大杖以打其頭，頭破血流。於是黑婢頭破血流，便出語比隣，訟聲紛紜，多所道說：『尊等！見是忍辱行人堪耐溫和，善制善定善息行耶？罵我曰：黑婢！何以乃至晡時起？既不自作，亦不教作？此黑婢不隨我教！此黑婢輕慢於我！便大瞋恚而生憎嫉，額三脉起，皺面自來，閉戶下關，手執大杖以打我頭，頭破血流。』爾時居士婦鞞陀提如是便有極大惡名，流布諸方：居士婦鞞陀提惡性急弊麤獷，不定不制不息。

「如是，或有一善護善逝行者，謂因他無惡語言也。若他不惡語言者，便不瞋恚，亦不憎嫉，不憂纏住，不增瞋恚，不發露惡。彼諸比丘見已，便作是念：『此賢者忍辱溫和堪耐，善制善定善息。』若他惡語言者，便瞋恚憎嫉，而憂纏住，憎恚發惡。彼諸比丘見已，便作是念：『此賢者惡性急弊麤獷，不定不制不息。』

「復次，有*五言道，若他說者，或時或非時，或真或非真，或軟或堅，或慈或恚，或有義或無義。汝等！此*五言道，若他說時或心變易者，或口惡言者，我說汝等因此必衰。汝等當學此*五言道：若他說時心不變易，口無惡言向怨家人，緣彼起慈愍心，心與慈俱，遍滿一方成就遊。如是二三四方、四維上下，普周一切，心與慈俱，無結無怨，無恚無諍，極廣甚大，無量善修，遍滿一切世間成就遊。如是悲、喜，心與捨俱，無結無怨，無恚無諍，極廣甚大，無量善修，遍滿一切世間成就遊。汝等當學如是。

「猶如有人持大鏵鍬來，而作是語：『我能令此大地，使作非地。』彼便處處掘復掘，唾溺汚之，說惡語者，作如是說，令大地非地。於意云何？彼人以此方便，能令大地作非地耶？」

諸比丘答曰：「不也，世尊！所以者何？此大地甚深極廣而不可量，是故彼人以此方便，不能令此大地使作非地。世尊！但使彼人唐自疲勞也。」

「如是，此*五言道，若他說者，或時或非時，或真或不真，或軟或堅，或慈或恚，或有義或無義。汝等！此*五言道，若他說時或心變易者，或口惡言者，我說汝等因此必衰。汝等當學此*五言道：若他說時心不變易，口無惡言向言說者，緣彼起慈愍心，心行如地，無結無怨，無恚無諍，極廣甚大，無量善修，遍滿一切世間成就遊。汝等當學如是。

「猶如有人持大草炬作如是語：『我以此草炬，用熱恒伽水，令作沸湯。』於意云何？彼人以此方便，能令恒伽水熱作沸湯耶？」

諸比丘答曰：「不也，世尊！所以者何？世尊！彼恒伽水甚深極廣，不可度量，是故彼人以此方便，不能令恒伽水熱使作沸湯。世尊！但使彼人唐自疲勞也。」

「如是，此*五言道，若他說者，或時或非時，或*真或不*真，或軟或堅，或慈或恚，或有義或無義。汝等！此*五言道，若他說時，或心變易者，或口惡言者，我說汝等因此必衰。汝等當學此*五言道：若他說時，心不變易，口無惡言，向言說者，緣彼起慈愍心，心行如恒伽水，無結無怨，無恚無諍，極廣甚大，無量善修，遍滿一切世間成就遊。汝等當學如是。

「猶如畫師、畫師弟子，持種種彩來，彼作是說：『我於此虛空畫作形像，以彩莊染。』於意云何？彼畫師、畫師弟子，以此方便寧能於虛空畫作形像，以彩莊染耶？」

諸比丘答曰：「不也，世尊！所以者何？世尊！此虛空非色，不可見、無對；是故彼畫師、畫師弟子，以此方便，不能於虛空畫作形像，以彩莊染。世尊！但使彼畫師、畫師弟子唐自疲勞也。」

「如是，此*五言道，若他說者，或時或非時，或真或不真，或軟或堅，或慈或恚，或有義或無義。汝等！此*五言道，若他說時，或心變易者，或口惡言者，我說汝等因此必衰。汝等當學此*五言道：若他說時，心不變易，口無惡言向言說者，緣彼起慈愍心，心行如虛空，無結無怨，無恚無諍，極廣甚大，無量善修，遍滿一切世間成就遊。汝等當學如是。

「猶如猫皮囊柔治極軟，除𡂿𡂿聲，無𡂿𡂿聲。彼或有人以手拳扠，石擲杖打，或以刀斫，或撲著地。於意云何？彼猫皮囊柔治極軟，除𡂿𡂿聲，無𡂿𡂿聲，彼寧復有𡂿𡂿聲耶？」

諸比丘答曰：「不也，世尊！所以者何？世尊！彼猫皮囊柔治極軟，除𡂿𡂿聲，無𡂿𡂿聲，是故無復有𡂿𡂿聲。」

「如是，諸比丘！若有他人拳扠石擲，杖打刀斫；汝等若為他人拳扠石擲，杖打刀斫時，或心變易者，或口惡言者，我說汝等因此必衰。汝等當學：若為他人拳扠石擲，杖打刀斫時，心不變易，口不惡言向捶打人，緣彼起慈愍心，心行如猫皮囊，無結無怨，無恚無諍，極廣甚大，無量善修，遍滿一切世間成就遊。汝等當學如是。

「若有賊來，以利鋸刀節節解截；汝等若有賊來，以利鋸刀節節解截時，或心變易者，或口惡言者，我說汝等因此必衰。汝等當學：若有賊來，以利鋸刀節節解截，心不變易，口無惡言向割截人，緣彼起慈愍心，心與慈俱，遍滿一方成就遊。如是二三四方、四維上下，普周一切，心與慈俱，無結無怨，無恚無諍，極廣甚大，無量善修，遍滿一切世間成就遊。如是悲、喜，心與捨俱，無結無怨，無恚無諍，極廣甚大，無量善修，遍滿一切世間成就遊。汝等當學如是。」

於是世尊歎諸比丘曰：「善哉！善哉！汝等當數數念利鋸刀喻沙門教。汝等數數念利鋸刀喻沙門教已，汝等頗見他不愛惡語言向我，我聞已，不堪耐耶？」

諸比丘答曰：「不也，世尊！」

世尊復歎諸比丘曰：「善哉！善哉！汝等當數數念利鋸刀喻沙門教。汝等數數念利鋸刀喻沙門教已，若汝遊東方，必得安樂，無衆苦患；若遊南方、西方、北方者，必得安樂，無衆苦患。善哉！善哉！汝等當數數念利鋸刀喻沙門教。汝等數數念利鋸刀喻沙門教已，我尚不說汝諸善法住，況說衰退？但當晝夜增長善法而不衰退。善哉！善哉！汝等當數數念利鋸刀喻沙門教。汝等數數念利鋸刀喻沙門教已，於二果中必得其一，或於現世得究竟智，或復有餘得阿那含。」

佛說如是，彼諸比丘聞佛所說，歡喜奉行。

牟*犂破群那經第三竟 三千三百五十八字

中阿含經卷第五十 七千八百二十五字

中阿含經卷第五十一

東晉罽賓三藏瞿曇僧伽提婆譯

(一九四)大品跋陀和利經第三 第五後誦

我聞如是：一時，佛遊舍衛國，在勝林給孤獨園，與大比丘衆俱，而受夏坐。

爾時世尊告諸比丘：「我一坐食，一坐食已，無為無求，無有病痛，身體輕便，氣力康強，安隱快樂。汝等亦當學一坐食，一坐食已，無為無求，無有病痛，身體輕便，氣力康強，安隱快樂。」

爾時尊者跋陀和利亦在衆中。於是尊者跋陀和利即從坐起，偏袒著衣，叉手向佛，白曰：「世尊！我不堪任於一坐食。所以者何？若我一坐食者，同不了事，懊惱心悔。世尊！是故我不堪任一坐食也。」

世尊告曰：「跋陀和利！若我受請，汝亦隨我，聽汝請食，持去一坐食。跋陀和利！若如是者，快得生活。」

尊者跋陀和利又復白曰：「世尊！如是，我亦不堪於一坐食。所以者何？若我一坐食者，同不了事，懊惱心悔。世尊！是故我不堪任一坐食也。」

世尊復至再三告諸比丘：「我一坐食，一坐食已，無為無求，無有病痛，身體輕便，氣力康強，安隱快樂。汝等亦當學一坐食，一坐食已，無為無求，無有病痛，身體輕便，氣力康強，安隱快樂。」

尊者跋陀和利亦至再三從坐而起，偏袒著衣，叉手向佛，白曰：「世尊！我不堪任於一坐食。所以者何？若我一坐食者，同不了事，懊惱心悔。世尊！是故我不堪任一坐食也。」

世尊復至再三告曰：「跋陀和利！若我受請，汝亦隨我，聽汝請食，持去一坐食。跋陀和利！若如是者，快得生活。」

尊者跋陀和利復至再三白曰：「世尊！如是，我復不堪於一坐食。所以者何？若我一坐食者，同不了事，懊惱心悔。世尊！是故我不堪任一坐食也。」

爾時世尊為比丘眾施設一坐食戒，諸比丘眾皆奉學戒及世尊境界諸微妙法，唯尊者跋陀和利說不堪任，從坐起去。所以者何？不學具戒及世尊境界諸微妙法故。於是尊者跋陀和利遂藏一夏，不見世尊。所以者何？以不學具戒及世尊境界諸微妙法故。

時諸比丘為佛作衣，世尊於舍衛國受夏坐訖，過三月已，補治衣竟，攝衣持鉢，當遊人間。尊者跋陀和利聞諸比丘為佛作衣，世尊於舍衛國受夏坐訖，過三月已，補治衣竟，攝衣持鉢，當遊人間。尊者跋陀和利聞已，往詣諸比丘所。諸比丘遙見尊者跋陀和利來，便作是語：「賢者跋陀和利！汝當知此為佛作衣，世尊於舍衛國受夏坐訖，過三月已，補治衣竟，攝衣持鉢，當遊人間。跋陀和利！當彼處善自守護，莫令後時致多煩勞！」

尊者跋陀和利聞此語已，即詣佛所，稽首佛足，白曰：「世尊！我實有過！我實有過！如愚如癡，如不了，如不善。所以者何？世尊為比丘眾施設一坐食戒，諸比丘眾皆奉學戒及世尊境界諸微妙法，唯我說不堪任，從坐起去。所以者何？以不學具戒及世尊境界諸微妙法故。」

世尊告曰：「跋陀和利！汝於爾時不知眾多比丘、比丘尼，於舍衛國而受夏坐，彼知我、見我：有比丘名跋陀和利，世尊弟子，不學具戒及世尊境界諸微妙法。跋陀和利！汝於爾時不知如此耶？跋陀和利！汝於爾時不知眾多優婆塞、優婆夷，居舍衛國，彼知我、見我：

有比丘名跋陀和利，世尊弟子，不學具戒及世尊境界諸微妙法。跋陀和利！汝於爾時不知如此耶？跋陀和利！汝於爾時不知衆多異學沙門、梵志，於舍衛國而受夏坐，彼知我、見我：有比丘名跋陀和利！沙門瞿曇弟子名德，不學具戒及世尊境界諸微妙法。跋陀和利！汝於爾時不知如此耶？

「跋陀和利！若有比丘俱解脫者，我語彼曰：『汝來入泥！』跋陀和利！於意云何？我教彼比丘，彼此丘寧當可住而移避耶？」

尊者跋陀和利答曰：「不也。」

世尊告曰：「跋陀和利！若有比丘，設非俱解脫有慧解脫，設非慧解脫有身證者，設非身證有見到者，設非見到有信解脫，設非信解脫有法行者，設非法行有信行者，我語彼曰：『汝來入泥！』跋陀和利！於意云何？我教彼比丘，彼比丘寧當可住而移避耶？」

尊者跋陀和利答曰：「不也。」

世尊告曰：「跋陀和利！於意云何？汝於爾時得信行、法行、信解脫、見到、身證、慧解脫、俱解脫耶？」

尊者跋陀和利答曰：「不也。」

世尊告曰：「跋陀和利！汝於爾時非如空屋耶？」

於是尊者跋陀和利為世尊面呵責已，內懷憂慼，低頭默然，失辯無言，如有所伺。

於是世尊面呵責尊者跋陀和利已，復欲令歡喜而告之曰：「跋陀和利！汝當爾時，於我無信法*靜，無愛法*靜，無*諍法*靜。所以者何？我為比丘衆施設一坐食戒，諸比丘衆皆奉學戒及世尊境界諸微妙法，唯汝說不堪任，從坐起去。所以者何？以不學具戒及世尊境界諸微妙法故。」

尊者跋陀和利白曰：「實爾。所以者何？世尊為比丘衆施設一坐食戒，諸比丘衆皆奉學戒及世尊境界諸微妙法，唯我說不堪任，從坐起去。所以者何？以不學具戒及世尊境界諸微妙法故。唯願世尊受我過失！我見過已，當自悔過，從今護之，不復更作。」

世尊告曰：「跋陀和利！如是汝實如愚如癡，如不了，如不善。所以者何？我為比丘衆施設一坐食戒，諸比丘衆皆奉學戒及世尊境界諸微妙法，唯汝說不堪任，從坐起去。所以者何？以汝不學具戒及世尊境界諸微妙法故。跋陀和利！若汝有過，見已自悔，從今護之，不更作者，跋陀和利！如是則於聖法律中，益而不損。若汝有過，見已自悔，從今護之，不更作者，跋陀和利！於意云何？若有比丘不學具戒者，彼住無事處山林樹下，或居高巖寂無音聲，遠離，無惡，無有人民，隨順燕坐。彼住遠離處，修行精勤，得增上心，現法樂居。彼住遠離處，修行精勤，安隱快樂*已，誣謗世尊戒，及誣謗天諸智梵行者，亦誣謗自戒。彼誣謗世尊戒，及誣謗天諸智梵行者，亦誣謗自戒已，便不生歡悅；不生歡悅已，便不生喜；不生喜已，便不止身；不止身已，便不覺樂；不覺樂已，便心不定。跋陀和利！賢聖弟子心不定已，便不見如實、知如真。

「跋陀和利！於意云何？若有比丘學具戒者，彼住無事處山林樹下，或居高巖寂無音聲，遠離，無惡，無有人民，隨順①燕坐。彼住遠離處，修行精勤，得增上心，現⊙法樂居。彼住遠離處，修行精勤，安隱快樂已，不誣謗世尊戒，不誣謗天諸智梵行者，亦不誣謗自戒。彼不誣謗世尊戒，不誣謗天諸智梵行者，亦不誣謗自戒已，便生歡悅；生歡悅已，便生喜；生喜已，便止身；止身已，便覺樂；覺樂已，便心定。

「跋陀和利！賢聖弟子心定已，便見如實、知如真；見如實、知如真已，便離欲、離惡不善之法，有覺、有觀，離生喜樂，得初禪成就遊。跋陀和利！是謂彼於爾時得第一增上心，即於現法得安樂居，易不難得，樂住無怖，安隱快樂，令昇涅槃。彼覺、觀已息，內*靜、一心，無覺、無觀，定生喜樂，得第二禪成就遊。跋陀和利！是謂彼於爾時得第二增上心，即於現法得安樂居，易不難得，樂住無怖，安隱快樂，令昇涅槃。彼離於喜欲，捨無求遊，正念正智而身覺樂，謂聖所說、聖所捨、念、樂住、*空，得第三禪成就遊。跋陀和利！是謂彼於爾時得第三增上心，即於現法得安樂居，易不難得，樂住無怖，安隱快樂，令昇涅槃。彼樂滅苦滅，喜憂本已滅，不苦不樂，捨、念清淨，得第四禪成就遊。跋陀和利！是謂彼於爾時得第四增上心，即於現法得安樂居，易不難得，樂住無怖，安隱快樂，令昇涅槃。

「彼如是得定心清淨，無穢無煩，柔軟善住，得不動心，*學憶宿命智通作證。彼有行有相貌，憶本無量昔所經歷，謂一生、二生、百生、千生、成劫、敗劫、無量成敗劫，彼衆生名某，彼昔更歷；我曾生彼，如是姓、如是字、如是生、如是飲食、如是受苦樂、如是長壽、如是久住、如是壽訖；此死生彼、彼死生此，我生在此，如是姓、如是字、如是生、如是飲食、如是受苦樂、如是長壽、如是久住、如是壽訖。跋陀和利！是謂彼於爾時得此第一明達，以本無放逸，樂住遠離，修行精勤，謂無智滅而智生，闇壞而明成，無明滅而明生，謂憶宿命智作證明達。

「彼如是得定心清淨，無穢無煩，柔軟善住，得不動心，學於生死智通作證。彼以清淨天眼出過於人，見此衆生，死時生時，好色惡色，妙與不妙，往來善處及不善處。隨此衆生之所作業，見其如真。若此衆生成就身惡行，口、意惡行，誹謗聖人，邪見成就邪見業；彼因緣此，身壞命終必至惡處，生地獄中。若此衆生成就身妙行，口、意妙行，不誹謗聖人，正見成就正見業；彼因緣此，身壞命終必昇善處，上生天中。跋陀和利！是謂彼於爾時得第二明達，以本無放逸，樂住遠離，修行精勤，無智滅而智生，闇壞而明成，無明滅而明生，謂生死智作證明達。

「彼如是得定心清淨，無穢無煩，柔軟善住，得不動心，學漏盡智通作證。彼知此苦如真，知此苦習、知此苦滅、知此苦滅道如真；

知此漏如真，知此漏習、知此漏滅、知此漏滅道如真。彼如是知，如是見，欲漏心解脫，有漏、無明漏心解脫，解脫已便知解脫：生已盡，梵行已立，所作已辦，不更受有，知如真。跋陀和利！是謂彼於爾時得第三明達，以本無放逸，樂住遠離，修行精勤，無智滅而智生，*闇壞而明成，無明滅而明生，謂漏盡智作證明達。」

於是尊者跋陀和利即從坐起，偏袒著衣，叉手向佛，白曰：「世尊！何因何緣諸比丘等同犯於戒，或有苦治？或不苦治？」

世尊答曰：「跋陀和利！或有比丘數數犯戒，因數數犯戒故，為諸梵行訶所見聞從他疑者。彼為諸梵行訶所見聞從他疑已，便說異異論外餘事，瞋恚憎嫉，發怒廣惡，觸嬈於衆，輕慢於衆，作如是說：

『我今當作，令衆歡喜而可意。』作如是意。跋陀和利！諸比丘便作是念：『然此賢者數數犯戒，因數數犯戒故，為諸梵行訶所見聞從他疑者。彼為諸梵行訶所見聞從他疑已，便說異異論外餘事，瞋恚憎嫉，發怒廣惡，觸嬈於衆，輕慢於衆，作如是說：「我今當作，令衆歡喜而可意。」』見已作是語：『諸尊！當觀令久住。』跋陀和利！諸比丘如是觀令久住。

「或有比丘數數犯戒，因數數犯戒故，為諸梵行訶所見聞從他疑者。彼為諸梵行訶所見聞從他疑已，不說異異論外餘事，不瞋恚憎嫉、發怒廣惡，不觸嬈衆，不輕慢衆，不如是說：『我今當作，令衆歡喜而可意。』不作如是意。跋陀和利！諸比丘便作是念：『然此賢者數數犯戒，因數數犯戒故，為諸梵行訶所見聞從他疑者。彼為諸梵行訶所見聞從他疑已，不說異異論外餘事，不瞋恚憎嫉、發怒廣惡，不觸嬈衆，不輕慢衆，不如是說：「我今當作，令衆歡喜而可意。」』見已而作是語：『諸尊！當觀令早滅。』跋陀和利！諸比丘如是觀令早滅，輕犯禁戒，亦復如是。

「跋陀和利！或有比丘有信、有愛、有*靜：今此比丘有信、有愛、有*靜，若我等苦治於此賢者，今此賢者有信、有愛、有*靜，因此必斷，我等寧可善共將護於此賢者。諸比丘便善共將護。跋陀和利！譬若如人唯有⊙一眼，彼諸親屬為憐念愍傷，求利及饒益，求安隱快樂，善共將護，莫令此人寒熱、飢渴，有病、有憂、有病憂，莫塵、莫烟、莫塵烟。所以者何？復恐此人失去一眼，是故親屬善將護之。跋陀和利！如是比丘少信、少愛、少有*靜，諸比丘等便作是念：今此比丘少信、少愛、少有*靜，若我等苦治於此賢者，今此賢者少信、少愛、少有*靜，因此必斷，我等寧可善共將護於此賢者。是故諸比丘善共將護，猶如親屬護一眼人。」

於是尊者跋陀和利即從坐起，偏袒著衣，叉手向佛，白曰：「世尊！何因何緣昔日少施設戒，多有比丘遵奉持者？何因何緣，世尊今日多施設戒，少有比丘遵奉持者？」

世尊答曰：「跋陀和利！若比丘眾不得利者，眾便無憙好法；若眾得利者，眾便生憙好法。生喜好法已，世尊欲斷此憙好法故，便為弟子施設於戒。如是稱譽廣大，上尊王所識知，大有福、多學問。跋陀和利！若衆不多聞者，衆便不生憙好法；若衆多聞者，衆便生憙好法。衆生憙好法已，世尊欲斷此憙好法故，便為弟子施設戒。跋陀和利！不以斷現世漏故，為弟子施設戒；我以斷後世漏故，為弟子施設戒。跋陀和利！是故我為弟子斷漏故施設戒，至受我教。跋陀和利！我於昔時為諸比丘說清淨馬喻法，此中何所因？汝憶不耶？

尊者跋陀和利白曰：「世尊！此中有所因。所以者何？世尊為諸比丘施設一坐食戒，諸比丘衆皆奉學戒及世尊境界諸微妙法，唯我說不堪任，從坐起去，以不學具戒及世尊境界諸微妙法故。世尊！是謂此中有所因。」

世尊復告曰：「跋陀和利！此中不但因是，跋陀和利！若我為諸*比丘當說清淨馬喻法者，汝必不一心，不善恭敬，不思念聽。跋陀和利！是謂此中更有因也。」

於是尊者跋陀和利即從坐起，偏袒著衣，叉手向佛，白曰：「世尊！今正是時。善逝！今正是時。若世尊為諸比丘說清淨馬喻法者，諸比丘從世尊聞已，當善受持！」

世尊告曰：「跋陀和利！猶如知御馬者得清淨良馬，彼知御者先治其口，治其口已，則有不樂於動轉，或欲或不欲。所以者何？以未曾治故。跋陀和利！若清淨良馬從御者治，第一治得成就彼御馬者，然復更治勒口、絆脚，絆脚、勒口而令驅行，用令*止鬪☆，堪任王乘無上行；無上息治諸支節，悉御令成，則有不樂於動轉，或欲或不欲。所以者何？以數數治故。跋陀和利！若清淨良馬，彼御馬者，數數治時得成就者，彼於爾時，調、善調，得無上調，得第一無上調，無上行，得第一行，便中王乘，食於王粟，稱說王馬。

「跋陀和利！如是，若時賢良智人成就十無學法：無學正見乃至無學正智者，彼於爾時，調、善調，得無上調，得第一無上調，無上止，得第一止，除一切曲，除一切穢，除一切怖，除一切癡，除一切諂，止一切塵，淨一切垢而無所著，可敬可重，可奉可祠，一切天人良福田也。」

佛說如是，尊者跋陀和利及諸比丘聞佛所說，歡喜奉行。

跋陀和利經第三竟四千三百七字

（一九五）中阿含大品阿濕*具經第四第五後誦

我聞如是：一時，佛遊迦尸國，與大比丘衆俱，遊在一處，告諸比丘：「我日一食，日一食已，無為無求，無有病痛，身體輕便，氣力康強，安隱快樂。汝等亦應日一食，日一食已，無為無求，無有病痛，身體輕便，氣力康強，安隱快樂。」

爾時世尊為比丘衆施設日一食戒，諸比丘衆皆奉學戒及世尊境界諸微妙法。於是世尊展轉到迦羅賴，住迦羅賴北村尸攝和林。

爾時迦羅賴中有二比丘，一名阿濕*具，二名弗那婆修，舊土地主、寺主、宗主。彼朝食、暮食、晝食、過中食，彼朝食、暮食、晝食、過中食已，無為無求，無有病痛，身體輕便，氣力康強，安隱快樂。衆多比丘聞已，往詣阿濕*具及弗那婆修比丘所，而語彼曰：「阿濕*具！弗那婆修！世尊遊迦尸國，與大比丘衆俱，遊在一處，告諸比丘：『我日一食，日一食已，無為無求，無有病痛，身體輕便，氣力康強，安隱快樂。汝等亦應日一食，日一食已，無為無求，無有病痛，身體輕便，氣力康強，安隱快樂。』爾時世尊為比丘衆施設日一食戒，諸比丘衆皆奉學戒及世尊境界諸微妙法。阿濕*具！弗那婆修！汝等亦應日一食，日一食已，無為無求，無有病痛，身體輕便，氣力康強，安隱快樂。汝等莫違世尊及比丘衆。」

阿濕*具、弗那婆修聞已，報曰：「諸賢！我等朝食、暮食、晝食、過中食，朝食、暮食、晝食、過中食已，無為無求，無有病痛，身體輕便，氣力康強，安隱快樂。我等何緣捨現而須待後？」如是再三。

彼眾多比丘，不能令阿濕*具及弗那婆修除惡邪見，即從坐起，捨之而去。往詣佛所，稽首佛足，却住一面，白曰：「世尊！此迦羅賴中有二比丘，一名阿濕*具，二名弗那婆修，舊土地主、寺主、宗主。彼朝食、暮食、晝食、過中食，彼朝食、暮食、晝食、過中食已，無為無求，無有病痛，身體輕便，氣力康強，安隱快樂。世尊！我等聞已，便往至阿濕*具及弗那婆修比丘所，而語彼曰：『阿濕*具！

弗那婆修！世尊遊迦尸國，與大比丘眾俱，遊在一處，告諸比丘：「我日一食，日一食已，無為無求，無有病痛，身體輕便，氣力康強，安隱快樂。汝等亦應日一食，日一食已，無為無求，無有病痛，身體輕便，氣力康強，安隱快樂。」爾時世尊為比丘眾施設日一食戒，諸比丘眾皆奉學戒及世尊境界諸微妙法。阿濕*貝！弗那婆修！汝等亦應日一食，日一食已，無為無求，無有病痛，身體輕便，氣力康強，安隱快樂。汝等莫違世尊及比丘眾。』阿濕*貝、弗那婆修聞已，報我等曰：『諸賢！我等朝食、暮食、晝食、過中食，朝食、暮食、晝食、過中食已，無為無求，無有病痛，身體輕便，氣力康強，安隱快樂。我等何緣捨現而須待後？』如是再三。世尊！如我等不能令阿濕*具、弗那婆修除惡邪見，即從坐起，捨之而去。」

世尊聞已，告一比丘：「汝往至阿濕*具、弗那婆修比丘所，語如是曰：『阿濕*具！弗那婆修！世尊呼汝等。』」

一比丘聞已：「唯然，世尊！」

即從坐起，稽首佛足，繞三匝而去，至阿濕*具及弗那婆修比丘所，語如是曰：「阿濕*具！弗那婆修！世尊呼賢者等。」

阿濕*具、弗那婆修聞已，即詣佛所，稽首佛足，却坐一面。世尊問曰：「阿濕*具！弗那婆修！衆多比丘實語汝等：『阿濕*具、弗那婆修比丘！世尊遊迦尸國，與大比丘衆俱，遊在一處，告諸比丘：「我日一食，日一食已，無為無求，無有病痛，身體輕便，氣力康強，安隱快樂。汝等亦應日一食，日一食已，無為無求，無有病痛，身體輕便，氣力康強，安隱快樂。」爾時世尊為比丘眾施設日一食戒，諸比丘眾皆奉學戒及世尊境界諸微妙法。阿濕*貝！弗那婆修！汝等亦應日一食，日一食已，無為無求，無有病痛，身體輕便，氣力康強，安隱快樂。汝等莫違世尊及比丘眾。』阿濕*貝！弗那婆修！汝等聞已，語諸比丘曰：『諸賢！我等朝食、暮食、晝食、過中食，朝食、暮食、晝食、過中食已，無為無求，無有病痛，身體輕便，氣力康強，安隱快樂。我等何緣捨現而須待後？』如是再三。阿濕*貝！弗那婆修！諸比丘不能令汝捨惡邪見，即從坐起，捨之而去耶？」

阿濕*貝、弗那婆修答曰：「實爾。」

世尊告曰：「阿濕*貝！弗那婆修！汝等知說如是法：若有覺樂覺者，彼覺樂覺已，惡不善法轉增，善法轉減；若有覺苦覺者，彼覺苦覺已，惡不善法轉減，善法轉增耶？」

阿濕*貝、弗那婆修答曰：「唯然，我等如是知世尊說法：若有覺樂覺者，彼覺樂覺已，不善法轉增，善法轉減；若有覺苦覺者，彼覺苦覺已，不善法轉減，善法轉增。」

世尊呵阿濕*貝、弗那婆修比丘：「汝等癡人！何由知我如是說法？汝等癡人！從何口聞知如是說法？汝等癡人！我不一向說，汝等一向受持。汝等癡人！為衆多比丘語時，應如是如法答：『我等未知，當問諸比丘。』」

爾時世尊告諸比丘：「汝等亦如是知我說法：若有覺樂覺者，彼覺樂覺已，不善法轉增，善法轉減；若有覺苦覺者，彼覺苦覺已，不善法轉減，善法轉增耶？」

衆多比丘答曰：「不也，世尊！」

世尊復問曰：「汝等云何知我說法？」

衆多比丘答曰：「世尊！我等如是知世尊說法：或有覺樂覺者，惡不善法轉增，善法轉減；或有覺樂覺者，惡不善法轉減，善法轉增；或有覺苦覺者，惡不善法轉增，善法轉減；或有覺苦覺者，惡不善法轉減，善法轉增。世尊！我等如是知世尊所說法。」

世尊聞已，歎諸比丘曰：「善哉！善哉！若汝如是說：或有覺樂覺者，惡不善轉增，善法轉減；或有覺樂覺者，惡不善法轉減，善法轉增；或有覺苦覺者，惡不善法增，善法轉減；或有覺苦覺者，惡不善法轉減，善法轉增。所以者何？我亦如是說：或有覺樂覺者，惡不善法轉增，善法轉減；或有覺樂覺者，惡不善法轉減，善法轉增；或有覺苦覺者，惡不善法轉增，善法轉減；或有覺苦覺者，惡不善法轉減，善法轉增。

「若我不知如真，不見、不解、不得、不正盡覺者，或有樂覺者，不善法轉增，善法轉減，我不應說斷樂覺。若我不知如真，不見、不解、不得、不正盡覺者，或有樂覺者，惡不善法轉減，善法轉增，我不應說修樂覺。若我不知如真，不見、不解、不得、不正盡覺者，或有苦覺者，惡不善法轉增，善法轉減，我不應說斷苦覺。若我不知如真，不見、不解、不得、不正盡覺者，或有苦覺者，惡不善法轉減，善法轉增，我不應說修苦覺。

「若我知如真，見、解、得、正盡覺者，或有樂覺者，惡不善法轉增，善法轉減，是故我說斷樂覺。若我知如真，見、解、得、正盡覺者，或有樂覺，惡不善法轉減，善法轉增，是故我說修樂覺。若我知如真，見、解、得、正盡覺者，或有苦覺者，惡不善法轉增，善法轉減，是故我說斷苦覺。若我知如真，見、解、得、正盡覺者，或有苦覺者，惡不善法轉減，善法轉增，是故我說修苦覺。所以者何？我不說修一切身樂，亦不說莫修一切身樂；我不說修一切身苦，亦不說莫修一切身苦；我不說修一切心樂，亦不說莫修一切心樂；我不說修一切心苦，亦不說莫修一切心苦。

「云何身樂，我說不修？若修身樂，惡不善法轉增，善法轉滅者，如是身樂，我說不修。云何身樂，我說修耶？若修身樂，惡不善法轉減，善法轉增者，如是身樂，我說修也。云何身苦，我說不修？若修身苦，惡不善法轉增，善法轉減者，如是身苦，我說不修。云何身苦，我說修耶？若修身苦，惡不善法轉減，善法轉增者，如是身苦，我說修也。云何心樂，我說不修？若修心樂，惡不善法轉增，善法轉減者，如是心樂，我說不修。云何心樂，我說修耶？若修心樂，惡不善法轉減，善法轉增者，如是心樂，我說修也。云何心苦，我說不修？若修心苦，惡不善法轉增，善法轉減者，如是心苦，我說不修。云何心苦，我說修耶？若修心苦，惡不善法轉減，善法轉增者，如是心苦，我說修也。彼可修法知如真，不可修法亦知如真。彼可修法知如真，不可修法亦知如真已，不可修法便不修，可修法便修。不可修法便不修，可修法便修已，便惡不善法轉減，善法轉增。

「我不說一切比丘行無放逸，亦復不說一切比丘不行無放逸。云何比丘我說不行無放逸？若有比丘俱解脫者。云何比丘有俱解脫？若有比丘八解脫身觸成就遊，*以慧見諸漏已盡已知，如是比丘有俱解脫，此比丘我說不行無放逸。所以者何？此賢者本已行無放逸。若此賢者本有放逸者，終無是處，是故我說此比丘不行無放逸。若有比丘非俱解脫，有慧解脫者。云何比丘有慧解脫？若有比丘八解脫身不觸成就遊，以慧見諸漏已盡已知，如是比丘有慧解脫，此比丘我說不行無放逸。所以者何？此賢者本已行無放逸。若此賢者本有放逸者，終無是處，是故我說此比丘不行無放逸。此二比丘，我說不行無放逸。

「云何比丘我為說行無放逸？若有比丘非俱解脫，亦非慧解脫，而有身證。云何比丘而有身證？若有比丘八解脫身觸成就遊，不以慧見諸漏已盡已知，如是比丘而有身證，此比丘我為說行無放逸。我見此比丘行無放逸，為有何果，令我為此比丘說行無放逸耶？或此比丘求於諸根，習善知識，行隨順住止，諸漏已盡，得無漏心解脫、慧解脫，於現法中自知自覺，自作證成就遊：生已盡，梵行已立，所作已辦，不更受有，知如真。謂我見此比丘行無放逸，有如是果，是故我為此比丘說行無放逸。

「若有比丘非俱解脫，非慧解脫，亦非身證，而有見到。云何比丘而有見到？若有比丘一向決定信佛、法、衆，隨所聞法，便以慧增上觀、增上忍，如是比丘而有見到，此比丘我說行無放逸。我見此比丘行無放逸，為有何果，令我為此比丘說行無放逸耶？或此比丘求於諸根，習善知識，行隨順住止，諸漏已盡，得無漏心解脫、慧解脫，於現法中自知自覺，自作證成就遊：生已盡、梵行已立，所作已辦，不更受有，知如真。謂我見此比丘行無放逸，有如是果，是故我為此比丘說行無放逸。

「若有比丘非俱解脫，非慧解脫，又非身證，亦非見到，而有信解脫。云何比丘有信解脫？若有比丘一向決定信佛、法、衆，隨所聞法，以慧觀忍，不如見到，如是比丘有信解脫，此比丘我為說行無放逸。我見此比丘行無放逸，為有何果，令我為此比丘說行無放逸耶？或此比丘求於諸根，習善知識，行隨順住止，諸漏已盡，得無漏心解脫、慧解脫，於現法中自知自覺，自作證成就遊：生已盡，梵行已立，所作已辦，不更受有，知如真。謂我見此比丘行無放逸，有如是果，是故我為此比丘說行無放逸。

「若有比丘非俱解脫，非慧解脫，又非身證，復非見*到，亦非信解脫，而有法行。云何比丘而有法行？若有比丘一向決定信佛、法、衆，隨所聞法，便以慧增上觀、增上忍，如是比丘而有法行，此比丘我為說行無放逸。我見此比丘行無放逸，為有何果，令我為此比丘說行無放逸耶？或此比丘求於諸根，習善知識，行隨順住止，於二果中必得一也，或於現法得究竟智，若有餘者得阿那含。謂我見此比丘行無放逸，有如是果，是故我為此比丘說行無放逸。

「若有比丘非俱解脫，非慧解脫，又非身證，復非見到，非信解脫，亦非法行，而有信行。云何比丘而有信行？若有比丘一向決定信佛、法、衆，隨所聞法，以慧觀忍，不如法行，如是比丘而有信行，此比丘我為說行無放逸。我見此比丘行無放逸，為有何果，令我為此比丘說行無放逸耶？或此比丘求於諸根，習善知識，行隨順住止，於二果中必得一也，或於現法得究竟智，若有餘者得阿那含。調我見此比丘行無放逸，有如是果，是故我為此比丘說行無放逸。此諸比丘我說行無放逸。

「我不說一切諸比丘得究竟智，亦復不說一切諸比丘初得究竟智；然漸漸習學趣迹，受教受訶，然後諸比丘得究竟智，此諸比丘所得究竟智。云何漸漸習學趣迹，受教受訶，然後諸比丘得究竟智，此諸比丘所得究竟智耶？或有信者便往詣，往詣已便奉習，奉習已，便一心聽法，一心聽法已便持法，持法已便思惟，思惟已便*評量，*評量已便觀察。賢聖弟子觀察已，身諦作證，慧增上觀。彼作是念：『此諦我未曾身作證，亦非慧增上觀；此諦*令身作證，以慧增上觀。』

如是漸漸習學趣迹，受教受訶，然後諸比丘得究竟智，此諸比丘所得究竟智。」

於是世尊告曰：「阿濕*具！弗那婆修！有法名四句，我欲為汝說，汝等欲知耶？」

阿濕*具及弗那婆修白曰：「世尊！我等是誰？何由知法？」

於是世尊便作是念：「此愚癡人，越過於我此正法律極大久遠。若有法律師貪著食、不離食者，彼弟子不應速行放逸，況復我不貪著食，遠離於食！信弟子者應如是說：『世尊是我師，我是世尊弟子，世尊為我說法，善逝為我說法，令我長夜得義，得饒益安隱快樂。』

「彼信弟子於世尊境界多有所作，於世尊境界多所饒益，於世尊境界多有所行，入世尊境界，止世尊境界者，若遊東方，必得安樂，無衆苦患；若遊南方、西方、北方者，必得安樂，無衆苦患。若信弟子於世尊境界多有所作，於世尊境界多所饒益，於世尊境界多有所行，入世尊境界，止世尊境界者，我尚不說諸善法住，況說衰退？但當晝夜增長善法而不衰退。若信弟子於世尊境界多有所作，於世尊境界多所饒益，於世尊境界多有所行，入世尊境界，止世尊境界者，於二果中必得一也，或於現世得究竟智，或復有餘得阿那含。」

佛說如是，彼諸比丘聞佛所說，歡喜奉行。

阿濕*具經第四竟四千一百九十九字

中阿含經卷第五十一八千五百六字　**第五後誦**

中阿含經卷第五十二

東晉罽賓三藏瞿曇僧伽提婆譯

（一九六）大品周那經第五（第五後誦）

我聞如是：一時，佛遊跋耆，在舍彌村。

爾時沙彌周那於彼波和中而受夏坐。彼波和中有一尼揵，名曰親子，在彼命終。終後不久，尼揵親子諸弟子等各各破壞，不共和合，各說破壞，不和合事，鬪訟相縛，相憎共諍：「我知此法，汝不知也。汝知何法如我所知？我齊整，汝不齊整。我相應，汝不相應。應說前而說後，應說後而說前。我勝，汝不如。我問汝事，汝不能答；我已伏汝，當復更問。若汝動者，我重縛汝。」

更互憍慠，但求勝說，而無訶者。尼揵親子若有在家白衣弟子，彼皆厭患此尼揵親子諸弟子等。所以者何？以其所說惡法律故，非是出要，不趣正覺，亦非善逝之所說也；崩壞無柱，無所依怙，彼所尊師亦非如來、無所著、等正覺也。

於是沙彌周那受夏坐訖，過三月已，補治衣竟，攝衣持鉢，往舍彌村，往舍彌村北尸攝和林。沙彌周那往詣尊者阿難所，到已禮足，却坐一面。尊者阿難問曰：「賢者周那！從何所來？何處夏坐？」

沙彌周那答曰：「尊者阿難！我從波和來，於波和中而受夏坐。尊者阿難！彼波和中有一尼揵，名曰親子，在彼命終。終後不久，尼揵親子諸弟子等各各破壞，不共和合，各說破壞，不和合事，鬬訟相縛，相憎共諍：『我知此法，汝不知也。汝知何法如我所知？我齊整，汝不齊整。我相應，汝不相應。應說前而說後，應說後而說前。我勝，汝不如。我問汝事，汝不能答；我已伏汝，當復更問。若汝動者，我重縛汝。』更互憍慠，但求勝說，而無訶者。尼揵親子若有在家白衣弟子，彼皆厭患此尼揵親子諸弟子等。所以者何？以其所說惡法律故，非是出要，不趣正覺，亦非善逝之所說也；崩壞無柱，無所依怙，彼所尊師亦非如來、無所著、等正覺也。」

尊者阿難聞已，語曰：「賢者周那！得因此說，可往見佛，奉獻世尊。賢者周那！今共詣佛，具向世尊而說此事，儻能因此得從世尊聞異法也。」

於是尊者阿難與沙彌周那俱往詣佛，稽首佛足，尊者阿難却住一面，沙彌周那却坐一面。

尊者阿難白曰：「世尊！今日沙彌周那來詣我所，稽首我足，却坐一面。我問曰：『賢者周那！從何所來？何處夏坐？』沙彌周那即答我曰：『尊者阿難！我從波和來，於波和中而受夏坐。尊者阿難！彼波和中有一尼揵，名曰親子，在彼命終。終後不久，尼揵親子諸弟子等，各各破壞，不共和合，各說破壞，不和合事，鬪訟相縛，相憎共諍：「我知此法，汝不知也。汝知何法如我所知？我齊整，汝不齊整。我相應，汝不相應，應說前而說後，應說後而說前。我勝，汝不如。我問汝事，汝不能答；我已伏汝，當復更問。若汝動者，我重縛汝。」更互憍慠，但求勝說，而無訶者。尼揵親子若有在家白衣弟子，彼皆厭患此尼揵親子諸弟子等。所以者何？以其所說惡法律故，非是出要，不趣正覺，亦非善逝之所說也；崩壞無柱，無所依怙，彼所尊師亦非如來、無所著、等正覺也。』

「世尊！我聞此已恐怖驚懼，擧身毛竪，莫令有比丘於世尊去後而在衆中起如是鬪諍；謂此鬪諍不益多人，多人有苦，非義非饒益，非安隱快樂，乃至天人生極苦患。世尊！我見一比丘坐世尊前，至心敬重世尊，善護善逝。世尊！我見此已，便作是念：『若令此比丘於世尊去後，而在衆中起如是鬪諍，謂此鬪諍不益多人，多人有苦，非義非饒益，非安隱快樂，乃至天人生極苦患。』」

於是世尊問曰：「阿難！汝見何等衆中有鬪諍者，謂此鬪諍不益多人，多人有苦，非義非饒益，非安隱快樂，乃至天人生極苦患耶？」

尊者阿難答曰：「世尊！謂有鬪諍，因增上戒、增上心、增上觀，於其衆中生而生者。世尊！謂此鬪諍不益多人，多人有苦，非義非饒益，非安隱快樂，乃至天人生極苦患。」

世尊告曰：「阿難！此鬪諍甚少，謂因增上戒、增上心、增上觀。阿難！若有鬪諍，因道、因道迹，於其衆中生而生者。阿難！謂此鬪諍不益多人，多人有苦，非義非饒益，非安隱快樂。阿難！汝見其中有二比丘，各各異意而起鬪諍：是法、是非法，是律、是非律，是犯、是非犯，或輕、或重，可悔、不可悔，可護、不可護，有餘、無餘，起、不起。阿難！於意云何？若我法聚，自知自覺自作證，四念處、四正斷、四如意足、五根、五力、七覺支、八支聖道。阿難！尼揵親子實非薩云若，而自稱薩云若。阿難！若尼揵親子一切知、一切見者，彼為弟子施設六諍本，謂可聞而止。」

於是尊者阿難叉手向佛白曰：「世尊！今正是時。善逝！今正是時。若世尊為諸比丘說六諍本者，諸比丘從世尊聞，當善受持。」

世尊告曰：「阿難！諦聽！善思念之，我當為汝具分別說。」

尊者阿難白曰：「唯然，當受教聽。」

佛言：「阿難！或有一人瞋惱者結纏。阿難！謂人瞋惱者結纏，彼不敬師，不見法，不護戒。彼不敬師，不見法，不護戒已，便於眾中起如是諍；謂此鬪諍不益多人，多人有苦，非義非饒益，非安隱快樂，乃至天人生極苦患。阿難！如是鬪諍，汝於內外見而不盡者，為斷此諍故，汝當速求方便，學極精勤，正念正智，忍莫令退。阿難！猶人為火燒頭、燒衣，急求方便，救頭、救衣。如是鬪諍，汝於內外見而不盡者，為斷此諍故，汝當速求方便，學極精勤，正念正智，忍莫令退。阿難！如是鬪諍，汝於內外見盡者，汝當重護彼心，常無放逸，欲止此諍故；如是此諍，汝斷根本。阿難！猶人為火燒頭、燒衣，急求方便，救頭、救衣。如是鬪諍，汝於內外見盡者，汝當重護彼心，常無放逸，欲止此諍故；如是此諍，汝斷根本。

「如是不語結、慳嫉、諂誑、無慚、無愧、惡欲、邪見、惡性、不可制。阿難！若有一人惡欲、邪見、惡性、不可制，彼不敬師，不見法，不護戒。彼不敬師，不見法，不護戒已，便於衆中起如是諍；謂此鬪諍不益多人，多人有苦，非義非饒益，非安隱快樂，乃至天人生極苦患。阿難！如是鬪諍，汝於內外見而不盡者，為斷此諍故，汝當速求方便，學極精勤，正念正智，忍莫令退。阿難！猶人為火燒頭、燒衣，急求方便，救頭、救衣。如是鬪諍，汝於內外見而不盡者，為斷此諍故，汝當速求方便，學極精勤，正念正智，忍莫令退。阿難！如是鬪諍，汝於內外見盡者，汝當重護彼心，常無放逸，欲止此諍故；如是此諍，汝斷根本。阿難！猶人為火燒頭、燒衣，急求方便，救頭、救衣。如是鬪諍，汝於內外見盡者，汝當重護彼心，常無放逸，欲止此諍故；如是此諍，汝斷根本。

「復次，阿難！有七止諍：一者、應與面前止諍律，二者、應與憶止諍律，三者、應與不癡止諍律，四者、應與自發露止諍律，五者、應與君止諍律，六者、應與展轉止諍律，七者、應與如棄糞掃止諍律。

「阿難！云何應與面前止諍律？云何斷此諍？謂因面前止諍律也。阿難！一人者一人教訶，護以法律，如尊師教，面前令歡喜。一人者二人、一人者多人、一人者衆教訶，護以法律，如尊師教，面前令歡喜。二人者二人教訶，護以法律，如尊師教，面前令歡喜。二人者多人、二人者衆、二人者一人教訶，護以法律，如尊師教，面前令歡喜。多人者多人教訶，護以法律，如尊師教，面前令歡喜。多人者衆、多人者一人、多人者二人教訶，護以法律，如尊師教，面前令歡喜。衆者衆教訶，護以法律，如尊師教，面前令歡喜。衆者一人、衆者二人、衆者多人教訶，護以法律，如尊師教，面前令歡喜。阿難！是謂應與面前止諍律。如是斷此諍，謂因面前止諍律也。

「阿難！云何應與憶止諍律？云何斷此諍？謂因憶止諍律也。阿難！若有一人犯戒而不憶，諸比丘見已，便語彼曰：『汝*曾犯戒而不自憶，汝應從衆求於憶律，衆當共與賢者憶律。』阿難！若處有衆和集會者，彼比丘應詣，偏袒著衣，脫屣入衆，稽首禮長老上尊比丘足，長跪叉手，白長老上尊比丘曰：『諸尊！聽我曾犯戒而不憶，我今從衆求於憶律，願衆和合與我憶律。』阿難！為彼比丘故，衆共和集，應與憶律，以法以律，如尊師教，面前令歡喜。阿難！是謂應與憶止諍律。如是斷此諍，謂因憶止諍律也。

「阿難！云何應與不癡止諍律？云何斷此諍？謂因不癡止諍律也。阿難！若有一人狂發而心顛倒，彼狂發心顛倒已，多不淨行，非沙門法，不順法行而說違犯。彼於後時還得本心，諸比丘見已，便語彼曰：『汝曹狂發而心顛倒，狂發心顛倒已，多不淨行，非沙門法，不順法行而說違犯。賢者於後還得本心，賢者可從眾求不癡律，眾當共與賢者不癡律。』阿難！若處有眾和集會者，彼比丘應詣，偏袒著衣，脫屣入眾，稽首禮長老上尊比丘足，長跪叉手，白長老上尊比丘曰：『諸尊！聽我曾狂發而心顛倒，狂發心顛倒已，多不淨行，非沙門法，不順法行而說違犯。我於後時還得本心，我今從眾求不癡律，願眾和合與我不癡律。』阿難！為彼比丘故，眾共和集，應與不癡律，以法以律，如尊師教，面前令歡喜。阿難！是謂應與不癡止諍律。如是斷此諍，謂因不癡止諍律也。

「阿難！云何應與自發露止諍律？云何斷此諍？謂因自發露止諍律也。阿難！若有一人犯戒，或有語者，或不語者，或有憶者，或不憶者。阿難！若處有衆和集會者，彼比丘應詣，偏袒著衣，脫屣入衆，稽首禮長老上尊比丘足，長跪叉手，白長老上尊比丘曰：『諸尊！聽我犯某戒，我今向長老上尊比丘至心發露，自說顯示，不敢覆藏，更善護持，後不復作。』阿難！諸比丘衆當問彼比丘曰：『賢者自見所犯耶？』彼應答曰：『實自見所犯。』衆當語彼：『更善護持，莫復作也！』阿難！是謂應與自發露止諍律。如是斷此諍，謂因自發露止諍律也。

「阿難！云何應與君止諍律？云何斷此諍？謂因與君止諍律也。阿難！若有一人，不知羞恥，不悔見聞，從他疑者惡欲。彼犯戒已，稱一處知，稱一處見。稱一處知已，稱一處見；稱一處見已，稱一處知。在衆中稱一處知，在衆中稱一處見。稱一處知已，稱一處見；稱一處見已，稱一處知。阿難！為彼比丘故，衆共和集，應與君律，君無道無理，君惡不善。所以者何？謂君犯戒已，稱一處知，稱一處見。稱一處知已，稱一處見；稱一處見已，稱一處知。在衆中稱一處知，在衆中稱一處見。稱一處知已，稱一處見；稱一處見已，稱一處知。阿難！是謂應與君止諍律。如是斷此諍，謂因與君止諍律也。

「阿難！云何應與展轉止諍律？云何斷此諍？謂因展轉止諍律也。阿難！有二比丘於其中間若干意起諍，謂是法、非法，是律、非律，是犯、非犯，或輕、或重，可說、不可說，可護、不可護，有餘、無餘，可悔、不可悔。阿難！彼比丘猥處止此諍。若猥處止者，此諍當言止；若猥處不止者，此諍可白衆。若於衆中止者，此諍當言止；若於衆中不止者，阿難！相近住者，於中若有比丘持經、持律、持母者，此比丘共往至彼，說此諍事。若在道路止者，此諍當言止；若道路不止者，此諍當復向衆說。若在衆止者，此諍當言止；若在衆不止者，阿難！若多伴助者，持經、持律、持母者，阿難！彼比丘應者止此諍，以法以律，如尊師教，面前令歡喜。阿難！是謂應與展轉止諍律。如是斷此諍，謂因展轉止諍律也。

「阿難！云何應與如棄糞掃止諍律？云何斷此諍？謂因如棄糞掃止諍律也。阿難！若有住處諸比丘衆鬪訟憎嫉，相憎共諍，阿難！彼諸比丘分立二部。分立二部已，若於一部中有長老上尊者，或有次者，有宗主者，或有次者。阿難！此比丘語彼比丘曰：『諸賢！聽我等無道無理，我等惡不善。所以者何？我等於此善說法律，至信捨家無家學道，鬪訟憎嫉，相憎共諍。諸賢！因此諍，我等犯戒者除偷羅柘，除家相應。我自為己，亦為彼諸賢故，今向⊙諸賢至心發露，自說顯示，不敢覆藏，更善護持，後不復作。』

「阿難！若此部中無一比丘應者，阿難！此比丘應往至彼第二部。到已稽首，禮長老上尊比丘足，長跪叉手，白長老上尊比丘曰：『諸尊！聽我等無道無理，我等惡不善。所以者何？我等於此善說法律，至信捨家無家學道，鬪訟憎嫉，相憎共諍。諸賢！因此諍，我等犯戒者除偷羅柘，除家相應。我自為己，亦為彼諸賢故，今向長老上尊至心發露，自說顯示，不敢覆藏，更善護持，後不復作。』阿難！彼比丘當語此比丘曰：『賢者！汝自見犯戒耶？』彼應答曰：『實自見所犯。』彼當語此：『更善護持，莫復作也！』第二部亦復如是。阿難！是謂應與如棄糞掃止諍律。如是斷此諍，謂因如棄糞掃止諍律也。阿難！我今*為汝說六慰勞法，諦聽！諦聽！善思念之。」

尊者阿難白曰：「唯然，當受教聽。」

佛言：「云何為六？慈身業，向諸梵行。*是法☆慰勞法，愛法、樂法，令愛令重，令奉令敬，令修令攝，得沙門，得一心，得精進，得涅槃。慈口業、慈意業。若法利如法得，自所得飯食至在鉢中，如是利分布施諸梵行。是法慰勞法，愛法、樂法，令愛令重，令奉令敬，令修令攝，得沙門，得一心，得精進，得涅槃。若有戒不缺不穿，無穢無異，如地不隨他，聖所稱譽，具足善受持，如是戒分布施諸梵行。是法慰勞法，愛法、樂法，令愛令重，令奉令敬，令修令攝，得沙門，得一心，得精進，得涅槃。若有聖見出要，明見深達，能正盡苦，如是見分布施諸梵行。是法慰勞法，愛法、樂法，令愛令重，令奉令敬，令修令攝，得沙門，得一心，得精進，得涅槃。阿難！我向所說六慰勞法者，因此故說。阿難！若汝等此六諍本止絕斷者，及此七止諍，衆中起鬪諍，以如棄糞掃止諍律止者，復行此六慰勞法。

「阿難！如是汝於我去後共同和合，歡喜不諍，同一一心，同一一教，合一水乳，快樂遊行，如我在時。」

佛說如是，尊者阿難及諸比丘聞佛所說，歡喜奉行。

周那經第五竟四千二百三十字

(一九七)中阿含大品優婆離經第六第五後誦

我聞如是：一時，佛遊瞻波，在恒伽池岸。

爾時尊者優波離則於晡時，從燕坐起，往詣佛所，稽首佛足，却坐一面，白曰：「世尊！若比丘衆共和合，作異業、說異業者，是如法業、如律業耶？」

世尊答曰：「不也，優婆離！」

尊者優婆離復問曰：「世尊！若比丘衆共和合，應與面前律者而與憶律，應與憶律者而與面前律，是如法業、如律業耶？」

世尊答曰：「不也，優婆離！」

尊者優婆離復問曰：「世尊！若比丘衆共和合，應與憶律者而與不癡律，應與不癡律者而與憶律，是如法業、如律業耶？」

世尊答曰：「不也，優婆離！」

尊者優婆離復問曰：「世尊！若比丘衆共和合，應與不癡律者而與自發露律，應與自發露律者而與不癡律，是如法業、如律業耶？」

世尊答曰：「不也，優婆離！」

尊者優婆離復問曰：「世尊！若比丘衆共和合，應與自發露律者而與君律，應與君律者而與自發露律，是如法業、如律業耶？」

世尊答曰：「不也，優婆離！」

尊者優婆離復問曰：「世尊！若比丘衆共和合，應與君者而責數，應責數者而與君，是如法業、如律業耶？」

世尊答曰：「不也，優婆離！」

尊者優婆離復問曰：「世尊！若比丘衆共和合，應責數者而下置，應下置者而責數，是如法業、如律業耶？」

世尊答曰：「不也，優婆離！」

尊者優婆離復問曰：「世尊！若比丘衆共和合，應下置者而舉，應舉者而下置，是如法業、如律業耶？」

世尊答曰：「不也，優婆離！」

尊者優婆離復問曰：「世尊！若比丘衆共和合，應舉者而擯，應擯者而舉，是如法業、如律業耶？」

世尊答曰：「不也，優婆離！」

尊者優婆離復問曰：「世尊！若比丘衆共和合，應擯者而與憶，應與憶者而擯，是如法業、如律業耶？」

世尊答曰：「不也，優婆離！」

尊者優婆離復問曰：「世尊！若比丘衆共和合，應與憶者而從根本治，應從根本治者而與憶，是如法業、如律業耶？」

世尊答曰：「不也，優婆離！」

尊者優婆離復問曰：「世尊！若比丘衆共和合，應從根本治者而驅出，應驅出者而從根本治，是如法業、如律業耶？」

世尊答曰：「不也，優婆離！」

尊者優婆離復問曰：「世尊！若比丘衆共和合，應驅出者而行不慢，應行不慢者而驅出，是如法業、如律業耶？」

世尊答曰：「不也，優婆離！」

尊者優婆離復問曰：「世尊！若比丘衆共和合，應行不慢者而治，應治者而行不慢，是如法業、如律業耶？」

世尊答曰：「不也，優婆離！

「優婆離！若比丘衆共和合，作異業、說異業者，是不如法業、不如律業，衆亦有罪。優婆離！若比丘衆共和合，應與面前律而與憶律，應與憶律而與面前律者，是不如法業、不如律業，衆亦有罪。優婆離！若比丘衆共和合，應與憶律而與不癡律，應與不癡律而與憶律者，是不如法業、不如律業，衆亦有罪。優婆離！若比丘衆共和合，應與不癡律而與自發露律，應與自發露律而與不癡律者，是不如法業、不如律業，衆亦有罪。優婆離！若比丘衆共和合，應與自發露律而與君律，應與君律而與自發露律者，是不如法業、不如律業，衆亦有罪。優婆離！若比丘衆共和合，應與君律而責數，應責數而與君律者，是不如法業、不如律業，衆亦有罪。優婆離！若比丘衆共和合，應責數而下置，應下置而責數者，是不如法業、不如律業，衆亦有罪。優婆離！若比丘衆共和合，應下置而舉，應舉而下置者，是不如法業、不如律業，衆亦有罪。

「優婆離！若比丘衆共和合，應舉而擯，應擯而舉者，是不如法業、不如律業，衆亦有罪。優婆離！若比丘衆共和合，應擯而與憶，應與憶而擯者，是不如法業、不如律業，衆亦有罪。優婆離！若比丘衆共和合，應與憶而從根本治，應從根本治而與憶者，是不如法業、不如律業，衆亦有罪。優婆離！若比丘衆共和合，應從根本治而驅出，應驅出而從根本治者，是不如法業、不如律業，衆亦有罪。優婆離！若比丘衆共和合，應驅出而行不慢，應行不慢而驅出者，是不如法業、不如律業，衆亦有罪。優婆離！若比丘衆共和合，應行不慢而治，應治而行不慢者，是不如法業、不如律業，衆亦有罪。

「優婆離！若比丘衆共和合，隨所作業即說此業者，是如法業、如律業，衆亦無罪。優婆離！若比丘衆共和合，應與面前律即與面前律，應與憶律即與憶律，應與不癡律即與不癡律，應與自發露律即與自發露律，應與君律即與君律，應責數即責數，應下置即下置，應學即學，應擯即擯，應憶即憶，應從根本治即從根本治，應驅出即驅出，應行不慢即行不慢，應治即治者，是如法業、如律業，衆亦無罪。

「優婆離！汝當學隨所作業即說此業，應與面前律即與面前律，應與憶律即與憶律，應與不癡律即與不癡律，應與自發露律即與自發露律，應與君律即與君律，應責數即責數，應下置即下置，應學即學，應擯即擯，應憶即憶，應從根本治即從根本治，應驅出即驅出，應行不慢即行不慢，應治即治者。優婆離！汝當如是學。」

佛說如是，尊者優婆離及諸比丘聞佛所說，歡喜奉行。

優婆離經第六竟（一千五百六十一字）

（一九八）中阿含大品調御地經第七（第五後誦）

我聞如是：一時，佛遊王舍城，在竹林迦蘭陀園。

爾時沙彌阿夷那和提亦遊王舍城，在無事處，住禪屋中。彼時王童子耆婆先那中後仿佯，至沙彌阿夷那和提所，共相問訊，却坐一面，語曰：「賢者阿奇舍那！欲有所問，聽我問耶？」

沙彌阿夷那和提告曰：「賢王童子！欲問便問，我聞當思。」

王童子問曰：「阿奇舍那！實比丘此法律中，不放逸，行精勤，得一心耶？」

沙彌答曰：「賢王童子！實比丘此法律中，不放逸，行精勤，得一心。」

王童子復問曰：「賢者阿奇舍那！汝當隨所聞，汝隨所誦習者，盡向我說，如比丘此法律中，不放逸，行精勤，得一心。」

沙彌答曰：「賢王童子！我不堪任隨所聞法，隨所誦習，廣向汝說，如比丘此法律中，不放逸，行精勤，得一心也。賢王童子！若我隨所聞法，隨所誦習，向賢王童子說，如比丘此法律中，不放逸，行精勤，得一心者，或賢王童子不知也，如是我唐煩勞。」

王童子語沙彌曰：「賢者阿奇舍那！汝未為他所伏，以何意故而自退耶？賢者阿奇舍那！如隨所聞法，隨所誦習，可向我說，如比丘此法律中，不放逸，行精勤，得一心。若我知者為善，若我不知者，我便不復更問諸法。」

於是沙彌阿夷那和提隨所聞法，隨所誦習，向王童子耆婆先那說，如比丘此法律中不放逸，行精勤，得一心。於是王童子耆婆先那語曰：「賢者阿奇舍那！若比丘此法律中，不放逸，行精勤，得一心者，終無是處。」說無是處已，即從坐起，不辭而去。

王童子耆婆先那去後不久，於是沙彌阿夷那和提往詣佛所，稽首作禮，却坐一面，與王童子耆婆先那所共論者，盡向佛說。世尊聞已，告沙彌曰：「阿奇舍那！止！王童子耆婆先那云何得？行欲著欲，為欲愛所食，為欲所燒。若地斷欲、斷欲愛、斷欲*煩熱，無欲知、無欲見、無欲覺；此地，王童子知者、見者，終無是處。所以者何？阿奇舍那！王童子耆婆先那常行欲也。

「阿奇舍那！猶四調御：象調御、馬調御、牛調御、人調御，於中二調御不可調御，二調御可調御。阿奇舍那！於意云何？若此二調御不可調御，此未調、未調地、未調御受御事者，終無是處。若此二調御，可調御、善調御，此調、未調地、御受御事者，必有是處。如是，此阿奇舍那！止！王童子耆婆先那云何得？行欲著欲，為欲愛所食，為欲所燒。若地斷欲、斷欲愛、斷欲煩熱，無欲知、無欲見、無欲覺，此地王童子知者、見者，終無是處。所以者何？阿奇舍那！王童子耆婆先那常行欲也。

「阿奇舍那！猶去村不遠，有大石山，無缺無穿，實而不虛，堅固不動，都合為一。或有二人正欲見者，彼中一人速疾上山，第二人者依住山下。石山上人見石山邊，有好平地、園觀、林木、清泉、華池、長流、河水。山上人見已，語山下人：『汝見山邊有好平地、園觀、林木、清泉、華池、長流、河水耶？』山下人答曰：『若我見山，彼邊有好平地、園觀、林木、清泉、華池、長流、河水者，終無是處。』於是石山上人疾疾來下，捉山下人速疾將上，於石山上，到已問曰：『汝見山邊有好平地、園觀、林木、清泉、華池、長流、河水耶？』彼人答曰：『今始見也。』復問彼人曰：『汝本言見者，終無是處；今復言見，為何謂耶？』彼人答曰：『我本為山之所障礙，故不見耳。』如是，阿奇舍那！止！王童子者婆先那云何得？行欲著欲，為欲愛所食，為欲所燒。若地斷欲、斷欲愛、斷欲煩熱，無欲知、無欲見、無欲覺；此地王童子知者、見者，終無是處。

「阿奇舍那！昔者剎利頂生王有捕象師，王告之曰：『汝捕象師！為我捕取野象將來，得已白我。』時捕象師受王教已，即乘王象往野林中。彼捕象師在野林中見大野象，見已捉繫，著王象項。彼時王象將野象出在於露地，彼捕象師還詣剎利頂生王所，白曰：『天王！已得野象，繫在露地，隨天王意。』剎利頂生王聞已，告曰：『善調象師！汝今可速調此野象，伏令善調；象善調已，還來白我。』於是善調象師受王教已，持極大杖，著右肩上，往野象所，以杖著地，繫野象項，制樂野意，除野欲念，止野疲勞，令樂村邑，習愛人間，善調象師先與飲食。

「阿奇舍那！若彼野象從調象師初受飲食，善調象師便作是念：『今此野象必得生活。所以者何？此野大象初受飲食。』若彼野象從調象師初受飲食者，善調象師則以柔軟可愛言向，臥起、去來、取捨、屈申。若彼野象從調象師，則以柔軟可愛言向，臥起、去來、取捨、屈申者，如是野象隨調象師教。阿奇舍那！若彼野象從調象師隨受教者，善調象師則縛前兩脚、後脚、兩髀、兩脇、尾脊、頭額、耳、牙，及縛其鼻，使人捉鉤，騎其頭上，令眾多人持刀、楯、矟、鉾、戟、斧、鉞而在前立。善調象師手執鋒鉾，在野象前而作是語：『我今治汝，令不移動，治汝勿動搖。』若彼野象從調象師治不移動時，不舉前脚，亦不動後脚，兩髀、兩脇、尾脊、頭額、耳、牙及鼻皆不動搖，如是野象隨調象師住不移動。

「阿奇舍那！若彼野象隨調象師不移動者，彼於爾時忍刀、楯、矟、鉾、戟、斧、鉞；喚呼高聲，若嘯吹螺、擊鼓、椎鐘，皆能堪忍。若彼野象能堪忍者，彼於爾時調御、善調御，得上調御，得最上調御，上速疾，無上速疾，可中王乘，受食王廩，稱說王象。

「如是，阿奇舍那！若時如來出世，無所著、等正覺、明行成為、善逝、世間解、無上士、道法御、天人師、號佛、衆祐，彼於此世，天及魔、梵、沙門、梵志，從人至天，自知自覺，自作證成就遊。彼說法初妙、中妙、竟亦妙，有義有文，具足清淨，顯現梵行。彼所說法，居士子聞，居士子聞已，得信如來所說法。彼得信已，剃除鬚髮，著袈裟衣，至信捨家無家學道。阿奇舍那！爾時聖弟子出在露地，猶王野象。如是野象貪欲樂著者，調在林中。阿奇舍那！如是天及人貪欲樂著，調在五欲：色、聲、香、味、觸。如來初始⊙調御彼比丘：『汝當護身及命清淨，當護口、意及命清淨。』

「若聖弟子護身及命清淨，護口、意及命清淨者，如來復調御比丘：『汝當觀內身如身，乃至觀覺、心、法如法。』若聖弟子觀內身如身，乃至觀覺、心、法如法者；此四念處，謂在賢聖弟子心中，繫縛其心，制樂家意，除家欲念，止家疲勞，令樂正法，修習聖戒。阿奇舍那！猶調象師受剎利頂生王教已，持極大杖，著右肩上，往野象所，以杖著地，繫野象頸，制樂野意，除野欲念，止野疲勞，令樂村邑，習愛人間。如是，阿奇舍那！此四念處，謂在賢聖弟子心中，繫縛其心，制樂家意，除家欲念，止家疲勞，令樂正法，修習聖戒。

「若聖弟子觀內身如身，乃至觀覺、心、法如法，彼如來復更調御比丘：『汝當觀內身如身，莫念欲相應念，乃至觀覺、心、法如法，莫念非法相應念。』若聖弟子觀內身如身，不念欲相應念，乃至觀覺、心、法如法，不念非法相應念者，如是聖弟子隨如來教。阿奇舍那！猶如野象從調象師，則以柔軟可愛言向，臥起、去來、取捨、屈伸者，如是野象隨調象師教。如是，阿奇舍那！若聖弟子觀內身如身，不念欲相應念，乃至觀覺、心、法如法，不念非法相應念，如是聖弟子隨如來教。

「若聖弟子隨如來教者，如來復更調御比丘：『汝當離欲、離惡不善之法，至得第四禪成就遊。』若聖弟子離欲、離惡不善之法，至得第四禪成就遊者，如是聖弟子則隨如來住不移動。阿奇舍那！猶如野象從調象師治不移動時，不舉前脚，亦不動後脚，兩髀、兩脇、尾脊、頭額、耳、牙及鼻皆不動搖，如是野象隨調象師住不移動。如是，阿奇舍那！若聖弟子離欲、離惡不善之法，至得第四禪成就遊者，如是聖弟子則隨如來住不移動。

「若聖弟子隨如來住不移動者，彼於爾時則能堪忍飢渴、寒熱、蚊虻、蠅蚤、風日所逼，惡聲捶杖亦能忍之；身遇諸疾極為苦痛，至命欲絕，諸不可樂皆能堪耐。阿奇舍那！猶如野象隨調象師住不移動，彼於爾時忍刀、楯、矟、鉾、戟、斧、鉞；喚呼高聲，若嘯、吹螺、擊鼓、椎鐘，皆能堪忍。如是，阿奇舍那！若聖弟子隨如來住不移動者，彼於爾時則能堪忍飢渴、寒熱、蚊虻、蠅蚤、風日所逼，惡聲捶杖亦能忍之；身遇諸疾極為苦痛，至命欲絕，諸不可樂皆能堪耐。

「阿奇舍那！若聖弟子隨如來能堪忍者，彼於爾時調御、善調御、得上調御，最上調御，得上息、最上息，除諸曲惡、恐怖、愚癡及諛諂，清淨止塵，無垢無穢，可呼可請，可敬可重，實可供養，為一切天人良福田也。阿奇舍那！猶如野象能堪忍者，彼於爾時調御、善調御，得上調御，得最上調御，上速疾、無上速疾，可中王乘，受食王廩，稱說王象。如是，阿奇舍那！若聖弟子隨如來能堪忍者，彼於爾時調御、善調御，得上調御、最上調御，得上息、最上息，除諸曲惡、恐怖、愚癡及諛諂，清淨止塵，無垢無穢，可呼可請，可敬可重，實可供養，為一切天人良福田也。

「阿奇舍那！少野象不調御死者，說不調御死；中、老野象不調御死者，說不調御死。阿奇舍那！少聖弟子不調御命終者，說不調御命終；中、老聖弟子不調御命終者，說不調御命終。阿奇舍那！少野象善調御死者，說善調御死；中、老野象善調⊙御死者，說善調御死。阿奇舍那！少聖弟子善調御命終者，說善調御命終；中、老聖弟子善調御命終者，說善調御命終。」

佛說如是，沙彌阿夷那和提及諸比丘聞佛所說，歡喜奉行。

調御地經第七竟二千八百九十一字

中阿含經卷第五十二八千六百八十二字　**第五後誦**

南無護法韋馱尊天菩薩

中阿含經

主　編—全佛編輯部
出版者—全佛文化出版社
地址／台北市信義路三段二〇〇號五樓
永久信箱／台北郵政二六～三四一號信箱
電話／(〇二) 七〇一一〇五七・七〇一〇九四五
郵撥／一七六二六五五八　全佛文化出版社
全套定價—新台幣一二〇〇元（八冊）
初　版—一九九七年四月

國家圖書館出版品預行編目資料

中阿含經／（東晉）罽賓三藏瞿曇僧伽提婆譯；全佛編輯部主編. --初版. --臺北市 ： 全佛文化，1997［民 86］

冊； 公分

ISBN 957-9462-68-2(一套 ： 平裝)

1. 小乘經典

221.82 86004085

遺身佛典

中阿含經

東晉罽賓三藏瞿曇僧伽提婆 譯

隨身佛典

中阿含經

東晉罽賓三藏瞿曇僧伽提婆 譯

隨身佛典

中阿含經

東晉罽賓三藏瞿曇僧伽提婆　譯

隨身佛典

中阿含經

東晉罽賓三藏瞿曇僧伽提婆　譯